KARL MARX
(1818-1883)

KARL HEINRICH MARX nasceu em Trier, na Alemanha, em 5 de maio de 1818, em uma família de classe média de origem judaica. Filho de Henrietta Pressburg e Heinrich Marx, ambos descendentes de rabinos, era o terceiro de um total de nove irmãos. Seu pai era um advogado de sucesso de formação iluminista, um homem culto que lia Kant e Voltaire. Em função da crescente perseguição antissemita na Prússia, a família converteu-se ao cristianismo antes de Karl nascer, e Heinrich (originalmente Hirsch Mordechai) optou por trocar inclusive de nome.

Após fazer os primeiros estudos ainda em Trier, Karl ingressou na Universidade de Bonn para estudar Direito e seguir os passos do pai. Depois de alguns percalços – como ter participado de um duelo e ser preso por bebedeira e desordem –, transferiu-se para a Universidade de Berlim, onde entrou em contato com a filosofia de Hegel. Em 1838, seu pai morreu, o que obrigou o jovem Marx a buscar seu próprio sustento. Começou então a lecionar e terminou o doutorado em filosofia pela Universidade de Jena em 1841. No ano seguinte, mudou-se para Colônia e começou a trabalhar em um jornal local, o influente *Rheinische Zeitung*, publicando um artigo de grande repercussão no qual defendia a liberdade de imprensa. Logo foi alçado a editor do periódico.

Foi em Colônia que começou a participar de encontros com grupos socialistas e a escrever sobre a situação da classe trabalhadora da região, sempre crítico ao governo, ocasionando o banimento do *Rheinische Zeitung* em 1843 pelas autoridades prussianas. Marx então casou-se às pressas com sua namorada, Jenny von Westphalen, e ambos se mudaram para Paris, onde ele começou a editar o *Deutsch-Französische Jahrbüc*
do jornal estavam o anarquis
filho de um próspero industr
Além de seu parceiro intele

nos anos vindouros, para a manutenção econômica da família de Marx.

Foi também em Paris que Marx começou a registrar suas ideias em uma série de escritos que mais tarde ficariam conhecidos como *Manuscritos econômico-filosóficos*. O material, que já trazia o fundamento da teoria do mais-valia, desenvolvida em profundidade em *O capital*, permaneceu inédito até os anos 1930. Outro trabalho primordial no lançamento das bases do materialismo histórico seria *O 18 de brumário de Luís Bonaparte*, escrito entre 1851 e 1852, ano de sua publicação na estreia da revista *Die Revolution*.

Expulso da França novamente por sua crítica social, Marx passou dois anos na Bélgica, onde sua amizade com Engels se intensificou. Juntos, escreveram o *Manifesto do Partido Comunista*. Publicado em 1848, tornou-se um dos mais influentes tratados políticos de todos os tempos.

No ano seguinte, Marx mudou-se para Londres, cidade na qual moraria o restante de sua vida e onde escreveria *O capital*, ao mesmo tempo uma obra filosófica, um tratado econômico e um manifesto político sobre a luta de classes. O primeiro volume foi publicado ainda em vida, no ano de 1867, enquanto os outros volumes foram editados por Engels após a morte do amigo.

Marx e Jenny tiveram sete filhos, mas apenas três chegaram à idade adulta, e Marx teve um filho fora do casamento. Muito abalado depois da morte da esposa em 1881 e fisicamente debilitado, morreu em 14 de março de 1883 e foi enterrado em Londres.

Livros do autor na Coleção **L**&**PM** POCKET:

O 18 de brumário de Luís Bonaparte
Liberdade de imprensa
Manifesto do Partido Comunista (com Friedrich Engels)
Manifesto do Partido Comunista – MANGÁ – (com Friedrich Engels)

KARL MARX

O 18 DE BRUMÁRIO DE LUÍS BONAPARTE

Tradução do alemão e notas de
RENATO ZWICK

Apresentação de
CELSO ROCHA DE BARROS

www.lpm.com.br

Coleção **L&PM** POCKET, vol. 1330

Texto de acordo com a nova ortografia.
Título original: *Der achtzehnte Brumaire des Louis Bonaparte*

Primeira edição na Coleção **L&PM** POCKET: novembro de 2020

Tradução do alemão e notas: Renato Zwick
Apresentação: Celso Rocha de Barros
Capa: Ivan Pinheiro Machado. *Ilustração*: General Bonaparte no Conselho dos Quinhentos em 18 de brumário – François Bouchot (Château Versailles, Museu Nacional)
Preparação: Mariana Donner da Costa
Revisão: Lia Cremonese

CIP-Brasil. Catalogação na publicação
Sindicato Nacional dos Editores de Livros, RJ

M355d

Marx, Karl, 1818-1883
    O 18 de brumário de Luís Bonaparte / Karl Marx; tradução e notas de Renato Zwick. – Porto Alegre [RS]: L&PM, 2020.
    224 p. ; 18 cm.   (Coleção L&PM POCKET, v. 1330)

    Tradução de: *Der achtzehnte Brumaire des Louis Bonaparte*
    ISBN 978-85-254-3935-2

    1. França - História - Golpe de Estado, 1851. 2. França - História - Revolução de fevereiro, 1848. 3. França - História - Segunda República, 1848-1852. I. Zwick, Renato. II. Título. III. Série.

20-63126	CDD: 944.06
	CDU: 94(44)

Leandra Felix da Cruz Candido - Bibliotecária - CRB-7/6135

© da apresentação, tradução e notas, L&PM Editores, 2019

Todos os direitos desta edição reservados a L&PM Editores
Rua Comendador Coruja, 314, loja 9 – Floresta – 90.220-180
Porto Alegre – RS – Brasil / Fone: 51.3225.5777

Pedidos & Depto. comercial: vendas@lpm.com.br
Fale conosco: info@lpm.com.br
www.lpm.com.br

Impresso no Brasil
Primavera de 2020

Sumário

Apresentação – *Celso Rocha de Barros* 7
Nota sobre a tradução..17

O 18 DE BRUMÁRIO DE LUÍS BONAPARTE 19

Prólogo à terceira edição 21
Prefácio..25
I. 29
II. 50
III. 74
IV. 100
V. 120
VI. 154
VII. 189

Apresentação

Celso Rocha de Barros*

Vamos começar pelo título: "18 de brumário" é a data, no calendário criado pela Revolução Francesa, que corresponde a 9 de novembro. Nessa data, em 1799, Napoleão Bonaparte assumiu o poder na França. Para muita gente, Napoleão, que mais tarde se proclamaria imperador, traiu os ideais igualitários da Revolução Francesa.

O Luís Bonaparte do título era o sobrinho de Napoleão. Luís deu seu próprio golpe de Estado em 1851, traindo as esperanças democráticas despertadas por outra revolução popular ocorrida na França, a de 1848.

O "18 de brumário de Luís Bonaparte", portanto, foi o momento em que o sobrinho de Napoleão deu seu próprio golpe de Estado. O livro que você tem nas mãos é uma análise do processo que começou com a revolução de 1848 e terminou com o golpe de Estado de 1851.

---

* Cientista político pela Unicamp, doutor em sociologia pela Universidade de Oxford, colunista da *Folha de S.Paulo* e coautor de *Democracia em risco?* (2019) e de *O valor das ideias: debate em tempos turbulentos* (2019).

Mas talvez você não se interesse tanto assim pela história da França. Por que, mesmo assim, deveria ler esse livro?

Em primeiro lugar, porque é um retrato da história turbulenta do começo da democracia moderna; não, não é só no Brasil que a construção da democracia é difícil. Essas democracias estáveis que vemos na Europa ou na América do Norte não ficaram prontas em poucas décadas. Luís Bonaparte, o primeiríssimo Presidente da República eleito na França, deu um golpe de Estado três anos depois. E, entretanto, depois de um longo aprendizado, de um longo processo de construção de instituições e partidos, a França se tornou um exemplo de democracia moderna. A construção da democracia é difícil, mas é o único caminho até hoje que produziu países desenvolvidos.

Mas o principal motivo para ler esse livro é a chance de assistir a um momento decisivo na formação do pensamento político de Karl Marx (1818-1883), um dos grandes pensadores da história moderna.

Enquanto os franceses faziam sua revolução em 1848, Marx escrevia com Friedrich Engels seu *Manifesto do Partido Comunista*, um dos documentos políticos mais importantes dos últimos séculos.

O *Manifesto* era um texto otimista como todos os manifestos têm que ser, cheio de simplificações, como todo manifesto tem que ser. A história é apresentada de maneira relativamente simples, como resultado da luta de classes. A burguesia desempenha um papel heroico na criação do capitalismo e da modernidade – o *Manifesto* é um dos maiores elogios já escritos às realizações burguesas –, mas é superada eventualmente pelo proletariado. O proletariado resolve as contradições do capitalismo em um tipo de sociedade superior, o comunismo. No comunismo de Marx, o Estado tende a desaparecer, porque sua principal função era garantir o domínio da burguesia sobre o proletariado. As promessas da liberdade finalmente seriam cumpridas para todos os seres humanos.

Escrevendo três anos depois[1], Marx apresentou, no *18 de brumário*, um quadro bem mais complexo da política de sua época.

Tanto o proletariado quanto a burguesia têm suas divisões internas, que às vezes se mostram insuperáveis. Diante da ameaça de agitação popular, a burguesia pode abdicar de seu papel heroico, modernizador. Pode desistir da democracia que ela mesma criou. Pode aceitar retrocessos autoritários como o bonapartismo. Na verdade, há muito mais casos de transições para o capitalismo por aliança da burguesia com as antigas elites do que por revoluções "heroicas" como a francesa.

O elemento principal da análise no *18 de brumário* continua sendo a luta de classes: o proletariado, o campesinato, os excluídos urbanos (o "lumpemproletariado"), a aristocracia financeira, a burguesia industrial etc.

Mas, ao analisar um caso concreto, Marx, como todo sujeito inteligente, incorpora diversas outras dimensões à sua narrativa: as brigas entre

---

1. O livro foi escrito entre 1851 e 1852, e publicado em 1852.

defensores das duas casas reais francesas (que também se originavam de classes diversas), os interesses do exército, as divergências entre operários e camponeses, o processo de formação de alianças. E é importante notar que o *18 de brumário* conta a história de uma derrota do proletariado: um reconhecimento de que o processo histórico é cheio de idas e voltas.

O discurso político, as lutas políticas e o próprio Estado recebem muito mais destaque no *18 de brumário* do que no *Manifesto do Partido Comunista*.

Pode parecer surpreendente para quem só conhece Marx pela história do comunismo no século XX, mas Marx tinha grande aversão ao Estado. Pois é.

No *Manifesto*, o Estado é pouco mais do que o instrumento da burguesia para reprimir o proletariado. A esperança era que ele se tornasse desnecessário conforme a humanidade eliminasse os conflitos de classe. No *18 de brumário*, o quadro é mais complexo, mas mesmo aqui o Estado é apresentado como um parasita sobre a sociedade francesa, uma máquina burocrática opressiva em que se abrigam interesses escusos e da qual partem esforços para cooptar as massas populares. A relação de Marx com os anarquistas, que pregavam a destruição do Estado, sempre foi muito tensa, mas eles tinham suas semelhanças.

O *18 de brumário* inaugurou um debate importantíssimo entre os marxistas do século XX: O Estado é um ator político independente? Ou é submisso aos interesses da classe dominante? O Estado faz o que quer, ou só obedece aos ricos?

Nesse debate, o conceito de "bonapartismo" passou a descrever situações em que o Estado ganha autonomia diante das classes sociais porque a luta de classes chegou a um impasse.

O argumento é mais ou menos o seguinte: em situações "normais", a burguesia controlaria a política democrática nos países capitalistas. No momento em que Marx estava escrevendo, lembre-se, era bastante limitada a participação dos trabalhadores na vida política das poucas nações democráticas que existiam.

Mas, segue o argumento, em momentos de crise, de acirramento das lutas de classes, a burguesia pode abdicar de seu poder político para preservar seu poder econômico.

Em meio a grandes conflitos sociais, a preocupação com a ordem se torna mais importante do que a defesa dos ideais liberais consagrados pelo ideário capitalista em seus melhores momentos. É o tipo de situação propícia ao surgimento de líderes autoritários como Luís Bonaparte.

O conceito de bonapartismo já foi utilizado para descrever diversos tipos de governo "forte" que se projeta em momentos de impasse: desde o governo Vargas no Brasil até o fascismo europeu, além, é claro, do caso muito interessante do stalinismo na União Soviética. O conceito de populismo, que voltou a aparecer na discussão de hoje em dia, tem algumas semelhanças com a ideia de bonapartismo.

Milhares de páginas foram escritas por marxistas, não marxistas e antimarxistas para discutir se, afinal, o Estado é independente das classes sociais ou não.

No geral, a conclusão é que sim, o Estado tem sua independência, em um grau que varia conforme a época; mas nenhum historiador, cientista social, político, movimento ou partido jamais será maluco a ponto de ignorar o papel dos interesses de classe nas disputas políticas de qualquer época.

O *18 de brumário* também é um livro sobre como a política do presente tenta usar a memória da política do passado. O personagem principal, afinal, é sobrinho e único herdeiro de uma lenda.

Nas palavras de Marx, Lutero teria adotado "a máscara do apóstolo Paulo"; a revolução francesa de 1789 "vestiu-se alternadamente como a República Romana e como o Império Romano". As pessoas tentam traduzir o novo nos termos do que elas já conhecem. Marx compara esse fenômeno com o aprendizado de um novo idioma: no começo, você traduz na sua cabeça cada frase da língua nova para sua língua natal. Só quando você começa a ficar bom mesmo é que já consegue pensar na língua nova.

Essas recuperações do passado são poderosas, mas, no caso de Luís Bonaparte, Marx achou tudo meio ridículo. É em homenagem a ele, afinal, que Marx elabora, nas páginas seguintes, a famosa fórmula: os grandes eventos históricos acontecem duas vezes, uma como tragédia (isto é, com conflitos intensos, reais, decisivos), outra como farsa.

A farsa, no caso, era Luís Bonaparte. Luís cresceu politicamente e se elegeu alimentando o mito de Napoleão, seu tio. Mas Napoleão, por mais que tivesse traído o igualitarismo da Revolução Francesa, foi o general que levou o código civil moderno a toda a Europa. Com todas as suas contradições, Napoleão representava a burguesia em seu momento heroico, tão elogiado no *Manifesto do Partido Comunista*.

Luís, o sobrinho, não fez nada disso. A história que você vai ler agora é a história de uma revolução que inspirou esperanças democráticas, mas acabou em uma ditadura. Inspirou nos operários a esperança de que teriam seus interesses levados em conta pelo novo governo, de que teriam o direito de se organizar com autonomia, mas acabou reprimindo-os pesadamente.

Não é a história de uma revolução burguesa heroica. É uma história de acomodação entre as elites conservadoras. Aos poucos, as esperanças democráticas da revolução de 1848 vão sendo frustradas, e a democracia vai sendo desmontada. Com medo da agitação popular, dividida por conflitos internos, a burguesia desiste da democracia parlamentar – onde reinava absoluta – em favor da ditadura bonapartista.

É bom lembrar, nenhum livro contém a verdade absoluta sobre os fatos que narra. O *18 de brumário* já foi criticado por gente inteligente em vários de seus argumentos.[2]

O historiador Roger Price, por exemplo, acusa Marx de subestimar a habilidade de Luís Bonaparte.[3]

---

2. Para um apanhado de discussões sobre o *18 de brumário*, ver *Marx's Eighteen Brumaire: (Post) Modern Interpretations*, Pluto Press, primeira edição de 2002, editado por Mark Cowling e James Martin.

3. No texto "Louis Napoleon-Bonaparte: 'Hero' or 'Grotesque Mediocrity'?", incluído em Cowling e Martin, op. cit.

Você mesmo pode ter essa impressão lendo o livro: não deve ter sido fácil manobrar politicamente em meio à confusão que era a política francesa na época. Outros autores acusam Marx de ter subestimado quantos operários apoiaram Bonaparte, ou por ter jogado a culpa pelo apoio popular ao bonapartismo nos camponeses ou nos excluídos urbanos (o lumpemproletariado).[4] Todos esses debates são muito ricos, e continuam até hoje entre os historiadores.

Finalmente, a leitura do *18 de brumário* é uma boa chance de rediscutir a relação do marxismo com a democracia. Marx, como já vimos, não tinha nenhuma simpatia pelo Estado, mas será que ele compreendeu o quanto a política e o Estado mudariam com o surgimento da democracia moderna? A pergunta é importante porque, convém lembrar, os regimes do século XX que se reivindicaram "marxistas" foram ditaduras muito violentas.

Há alguma injustiça em cobrar de Karl Marx uma visão muito sofisticada do que a democracia viria a ser depois de sua morte. No período em que viveu, Marx não viu muitos exemplos do que chamaríamos de democracia moderna. Havia regimes parlamentares democráticos em que as reivindicações operárias tinham, na grande maioria das vezes, muito pouco espaço. Com certa frequência, a burguesia abandonava a democracia quando os operários se agitavam. Esse é o universo político descrito no *18 de brumário*.

---

4. Ver o texto de Mark Cowling em Cowling e Martin, op. cit.

Foi só no fim da vida de Marx que os grandes partidos operários, alguns deles inspirados pelo marxismo, começaram a ganhar espaço. Ao contrário dos regimes comunistas, as democracias com partidos operários fortes tiveram resultados excelentes e marcaram o início do Estado de bem-estar social que todos hoje consideramos desejável: um Estado que oferece educação e saúde pública, seguro-desemprego e uma série de medidas para garantir que as oportunidades diante do cidadão dependam o mínimo possível de sua origem de classe. No Brasil, é claro, estamos apenas no começo desse processo, que teve início com a Constituição de 1988.

Enfim, mesmo se você abraçar os ideais do *Manifesto do Partido Comunista*, não é fácil conciliá-los com o mundo real da política moderna descrito no *18 de brumário*.

No século XX, o movimento comunista optou por tentar eliminar as disputas com base na força, e fracassou. Os social-democratas aceitaram o jogo democrático, com toda sua confusão, e conseguiram resultados muito melhores. A democracia é muito mais eficiente do que qualquer outra forma de governo na tarefa de separar, em cada programa político, o que é ou não é razoável e útil. Como dizia o filósofo Richard Rorty, "cuide da liberdade que a verdade cuidará de si mesma".[5]

---

5. Rorty, Richard, *Take care of freedom and truth will take care of itself: Interviews with Richard Rorty*. Stanford University Press, 2005.

Os partidos social-democratas aceitaram o capitalismo dentro de certos limites e se concentraram em construir um Estado forte não porque controlado por um ditador como Bonaparte, mas porque as lutas sociais eram negociadas democraticamente, com forte presença dos trabalhadores. É o tipo de compromisso democrático que caracteriza democracias maduras.

Claro, mesmo os social-democratas europeus passaram por muitas crises e cometeram seus próprios erros. Regular o capitalismo é difícil, as lutas de classes continuam, as crises acontecem de tempos em tempos. As críticas de Marx ao capitalismo, afinal, tinham sua razão de ser. Mas não tem jeito: a política consiste em negociar e renegociar trégua depois de trégua. A política nunca acaba.

De qualquer forma, parabéns por ter comprado esse livro. Você pode achar algumas partes desinteressantes – nenhum de nós sabe tanto sobre política francesa do século XIX quanto Marx e seus contemporâneos sabiam –, mas vale a pena ver um sujeito inteligente encarando um tema difícil, em tempo real, e refinando seus conceitos. E poucos autores encararam tantos temas relevantes para as sociedades modernas como Karl Marx.

Nota sobre a tradução

Foram duas as edições de *Der achtzehnte Brumaire des Louis Bonaparte* publicadas em vida de Marx. A primeira veio a lume em 1852 como primeiro número da revista *Die Revolution*, editada por Joseph Weydemeyer em Nova York; a segunda foi publicada em Hamburgo, em 1869, por Otto Meissner. Conforme Marx observa no prefácio a essa segunda edição, ela se diferencia da primeira apenas pela correção de erros tipográficos e por alguns cortes.

Uma terceira edição saiu em 1885, dois anos após a morte de Marx, também a cargo de Meissner, mas dessa vez acrescida de um prólogo de Friedrich Engels, que também fez ligeiras alterações no texto (embora não as mencione).

A presente tradução se baseia na segunda edição[1], mas também inclui o prólogo anteposto por Engels à terceira.[2]

Para a elaboração das notas de rodapé, contei sobretudo com as notas e os apêndices do volume

---

1. Versão digitalizada disponível no site do Deutsches Textarchiv (deutschestextarchiv.de).

2. Disponível em versão digital no site da Staatsbibliothek de Berlim (staatsbibliothek-berlin.de).

8 das obras de Marx e Engels (*Werke*. Berlin: Dietz, 1960), complementados por informações da edição comentada de Hauke Brunkhorst (Frankfurt am Main: Suhrkamp, 2016) e da tradução francesa de Grégoire Chamayou (Paris: Flammarion, 2007). Essas notas são indicadas por números arábicos, enquanto as notas do autor são assinaladas por asterisco.

Renato Zwick

O 18 DE BRUMÁRIO DE LUÍS BONAPARTE

Prólogo à terceira edição

O fato de ter se tornado necessária uma nova edição de O 18 de brumário, 33 anos após a primeira publicação, prova que o textinho ainda hoje nada perdeu do seu valor.

E, de fato, foi um trabalho genial. Imediatamente após o evento que surpreendeu todo o mundo político como um raio em céu limpo, que foi condenado por uns com altos brados de indignação moral, aceito por outros como salvação frente à Revolução e como punição pelos seus descaminhos, mas que por todos foi visto apenas com pasmo e não foi compreendido por ninguém – imediatamente após esse evento, Marx surgiu com uma exposição breve e epigramática que apresentava todo o curso da história francesa em sua concatenação interna desde os dias de fevereiro[1], transformava o milagre do 2 de dezembro[2] num resultado natural e necessário dessa concatenação e, nisso, nem sequer precisava tratar o herói do golpe de Estado de outra forma senão com

---

1. Os dias de insurreição popular que culminaram na queda do rei da França, Luís Felipe, em 24 de fevereiro de 1848.

2. Dois de dezembro de 1851, dia do golpe de Estado de Luís Bonaparte.

o bem-merecido desprezo. E o quadro fora traçado com tal mão de mestre que cada nova revelação, entrementes ocorrida, apenas forneceu novas provas de quão fielmente ele reflete a realidade. Essa compreensão eminente da história viva do dia, esse claro discernir dos acontecimentos no momento em que ocorrem, é, de fato, sem exemplo.

Porém, aí também entrava o conhecimento preciso de Marx a respeito da história francesa. A França é o país onde as lutas históricas de classes, mais do que em outros lugares, sempre foram travadas até a decisão, onde, portanto, as formas políticas cambiantes, dentro das quais essas lutas se movem e nas quais seus resultados se condensam, também estão marcadas com os mais nítidos contornos. Centro do feudalismo na Idade Média, país-modelo da monarquia unificada estamental desde a Renascença, a França esfacelou o feudalismo na Grande Revolução e fundou o puro domínio da burguesia numa classicidade que não tem igual em qualquer outro país europeu. E também a luta do proletariado ascendente contra a burguesia dominante aparece aí numa forma aguda, desconhecida em outros lugares. Essa foi a razão pela qual Marx não apenas estudava com especial predileção a história francesa passada, mas também acompanhava em todos os pormenores a história em curso, reunia o material para uso futuro e, por isso, jamais foi surpreendido pelos eventos.

Somava-se a isso, contudo, mais uma circunstância. Foi precisamente Marx quem primeiro descobrira a grande lei do movimento da história, a lei segundo a qual todas as lutas históricas, quer transcorram no âmbito político, religioso, filosófico ou em outro âmbito ideológico, são de fato apenas a expressão mais ou menos nítida das lutas entre classes sociais, e que a existência e, assim, também as colisões dessas classes, são por sua vez condicionadas pelo grau de desenvolvimento de sua situação econômica, pelo modo de sua produção e da troca por esta condicionada. Essa lei, que tem para a história a mesma importância que a lei da transformação da energia tem para a ciência natural – essa lei também lhe deu aqui a chave para compreender a história da Segunda República francesa. Essa história lhe serviu aqui para pôr à prova sua lei, e mesmo após 33 anos ainda temos de dizer que ela se saiu brilhantemente nessa prova.

Friedrich Engels

Prefácio

Meu amigo Joseph Weydemeyer*, tão prematuramente falecido, tencionava publicar um semanário político em Nova York a partir de 1º de janeiro de 1852. Para tanto, convidou-me a contribuir com a história do *coup d'État* [golpe de Estado]. Assim, escrevi-lhe semanalmente, até meados de fevereiro, artigos sob o título "O 18 de brumário de Luís Bonaparte". Entrementes, o plano original de Weydemeyer fracassara. Em contrapartida, na primavera de 1852 ele publicou uma revista mensal, *Die Revolution*, cujo segundo número[3] é constituído por meu "18 de brumário". Algumas centenas de exemplares encontraram na época seu caminho rumo à Alemanha, sem no entanto entrar no mercado livreiro propriamente dito. Um livreiro alemão com ar de ser extremamente radical, a quem ofereci a distribuição, respondeu-me com um verdadeiro horror moral frente a semelhante "impertinência avessa à época".

Conclui-se dessas indicações que o presente escrito surgiu sob a pressão direta dos eventos e que

---

* Durante a guerra civil norte-americana, comandante militar do distrito de St. Louis. (N.A.)

3. Na verdade, primeiro número.

seu material histórico não vai além do mês de fevereiro (de 1852). Sua atual republicação deve-se em parte à procura do mercado livreiro, em parte à insistência de meus amigos na Alemanha.

Dos escritos que trataram do mesmo assunto aproximadamente *ao mesmo tempo* que o meu, apenas dois são dignos de nota: *Napoléon le Petit*, de Victor Hugo[4], e *Coup d'État*, de Proudhon.[5]

Victor Hugo se limita à invectiva amarga e espirituosa contra o autor responsável pelo golpe de Estado. O evento em si aparece em sua obra como um raio numa atmosfera sem nuvens. Vê nele apenas o ato de violência de um único indivíduo. Ele não percebe que engrandece esse indivíduo em vez de apequená-lo ao atribuir-lhe uma força pessoal de iniciativa que seria sem exemplo na história mundial. Proudhon, por sua vez, busca apresentar o golpe de Estado como resultado de um desenvolvimento histórico anterior. Porém, por baixo do pano, sua construção histórica do golpe de Estado se transforma numa apologia histórica do herói desse golpe. Ele cai, assim, no erro dos nossos chamados historiógrafos *objetivos*. Demonstro, em contrapartida, como a *luta de classes* na França criou circunstâncias e condições que possibilitaram a um personagem medíocre e grotesco atuar no papel de herói.

---

4. Hugo, Victor. *Napoléon le Petit*. Bruxelas: A. Mertens, 1852. Última edição brasileira: Hugo, Victor. *Napoleão, o Pequeno*. São Paulo: Ensaio, 1996.

5. Proudhon, Pierre-Joseph. *La Révolution sociale démontrée par le coup d'État du 2 décembre*. Paris: Garnier, 1852.

Uma revisão do presente escrito o teria despojado de seu colorido peculiar. Por isso, limitei-me à mera correção dos erros tipográficos e à eliminação de alusões que agora não são mais compreensíveis.

A frase final de meu escrito, "Mas quando o manto de imperador finalmente cair sobre os ombros de Luís Bonaparte, a estátua de bronze de Napoleão despencará do alto da coluna Vendôme", já se cumpriu.

O coronel Charras[6] iniciou o ataque ao culto de Napoleão em sua obra sobre a campanha de 1815. Desde então, e sobretudo nos últimos anos, a literatura francesa deu um fim à lenda de Napoleão com as armas da investigação histórica, da crítica, da sátira e da piada. Fora da França, essa ruptura violenta com a crença popular tradicional, essa colossal revolução do espírito, foi pouco observada e ainda menos compreendida.

Por fim, espero que meu escrito contribua para a eliminação do chavão escolar do chamado *cesarismo*, difundido agora sobretudo na Alemanha. Nessa analogia histórica superficial se esquece o mais importante, a saber, que na Roma antiga a luta de classes ocorria apenas no âmbito de uma minoria privilegiada, entre os ricos livres e os pobres livres, enquanto a grande massa produtiva da população, os escravos, formava o pedestal meramente passivo para aqueles lutadores. Esquece-se o notável dito de

---

6. Jean-Baptiste-Adolphe Charras (1810-1865): militar e político francês, republicano burguês moderado. Opôs-se a Luís Bonaparte e foi desterrado após o golpe de 2 de dezembro de 1851.

Sismondi: "O proletariado romano vivia às custas da sociedade, enquanto a sociedade moderna vive às custas do proletariado".[7] Dada uma diferença tão completa entre as condições materiais e econômicas da antiga e da moderna luta de classes, seus nefastos frutos políticos tampouco podem ter mais em comum entre si do que o arcebispo da Cantuária e o sumo sacerdote Samuel.

Londres, 23 de junho de 1869.
Karl Marx

---

7. Citação aproximada de: Sismondi, Jean-Charles-Léonard Simonde de. *Études sur l'économie politique.* Tome premier. Paris: Treuttel et Würtz, 1837, p. 35.

I.

Hegel observa em algum lugar[8] que todos os grandes fatos e pessoas da história mundial acontecem, por assim dizer, duas vezes. Ele esqueceu de acrescentar: uma vez como tragédia, a outra como farsa. Caussidière em lugar de Danton[9], Louis Blanc em lugar de Robespierre[10], a Montanha de 1848-1851

---

8. Ver Hegel, *Vorlesungen über die Philosophie der Geschichte* [*Preleções sobre a filosofia da história*], terceira parte, final da segunda seção: "Porém, imediatamente depois [do assassinato de César], mostrou-se que apenas um poderia conduzir o Estado romano, e então os romanos tinham de acreditar nisso; tal como, em geral, uma reviravolta no Estado é por assim dizer sancionada na opinião das pessoas quando se repete. Assim, Napoleão foi derrotado duas vezes, e duas vezes os Bourbon foram banidos. Pela repetição, o que de início parecia apenas casual e possível se torna algo real e sancionado". O livro de Hegel foi traduzido no Brasil sob o título de *Filosofia da história* (Brasília: UnB, 1995).

9. Marc Caussidière (1808-1861): socialista, deputado da Assembleia Nacional Constituinte, emigrou para a Inglaterra após a Revolta de Junho (1848); Georges-Jacques Danton (1759-1794): líder da ala direita dos jacobinos na Revolução Francesa; morreu guilhotinado.

10. Jean-Joseph-Louis Blanc (1811-1882): socialista, teórico da revolução, jornalista e historiador, membro do governo provisório em fevereiro de 1848, emigrou em agosto para a Inglaterra; (cont.)

em lugar da Montanha de 1793-1795[11], o sobrinho em lugar do tio. E a mesma caricatura nas circunstâncias sob as quais se publica a segunda edição do 18 de brumário![12]

Os seres humanos fazem sua própria história, mas não a fazem de maneira voluntária, não sob circunstâncias por eles próprios escolhidas, e sim sob circunstâncias encontradas, dadas e legadas de maneira direta. A tradição de todas as gerações mortas pesa como um trasgo[13] sobre o cérebro dos vivos. E justamente quando parecem ocupados em revolucionar a si mesmos e as coisas, em criar o que ainda não existiu, precisamente em tais épocas de crise revolucionária eles conjuram medrosamente a seu serviço os espíritos do passado, tomam emprestados seus nomes, gritos de guerra e vestimentas para, com

---

(cont.) Maximilien-Marie-Isidore de Robespierre (1758-1794): líder dos jacobinos, chefe do governo revolucionário em 1793-1794, morreu guilhotinado.

11. Era chamada de Montanha, por ocupar os lugares mais altos, a ala radical dos jacobinos na Assembleia Nacional da Revolução Francesa entre 1792 e 1794; o mesmo nome foi partilhado com o partido pequeno-burguês radical-democrata dos anos de 1848 a 1851.

12. Napoleão Bonaparte (1769-1821), ou Napoleão I, tomou o poder em 9 de novembro de 1799, ou 18 de brumário do ano VIII, segundo o calendário da Revolução Francesa. Com "segunda edição do 18 de brumário", Marx se refere ao golpe de Estado do sobrinho de Napoleão, Luís Bonaparte (1808-1873), ou Napoleão III, em 2 de dezembro de 1851.

13. Em alemão, *Alp*. Na crença popular, espécie de duende que se sentava sobre o peito das pessoas que dormiam e lhes provocava pesadelos (*Alpträume*).

esse disfarce respeitável e com essa linguagem emprestada, representar a nova cena da história mundial. Foi assim que Lutero se mascarou de apóstolo Paulo, que a revolução de 1789-1814 se vestiu alternadamente de República Romana e de Império Romano, e a revolução de 1848 não soube fazer nada melhor senão parodiar 1789 aqui e a tradição revolucionária de 1793-1795 ali. É assim que o iniciante que aprende uma nova língua sempre a traduz de volta à sua língua materna, mas ele só se apropria do espírito da nova língua e só será capaz de produzir livremente nela tão logo nela se mova sem recordações e nela esqueça a língua que lhe é nativa.

Quando se considera essas invocações de mortos da história mundial, mostra-se de imediato uma diferença decisiva. Camille Desmoulins[14], Danton, Robespierre, Saint-Just[15], Napoleão, tanto os heróis como os partidos e a massa da antiga Revolução Francesa, cumpriram com trajes romanos e frases feitas romanas a tarefa de sua época, o desencadeamento e a instauração da moderna sociedade *burguesa*. Uns despedaçaram o solo feudal e ceifaram as cabeças feudais que nele tinham crescido. O outro[16], criou no seio da França as condições sob as quais, tão somente, se pôde desenvolver a li-

---

14. Lucie-Simplice-Camille-Benoît Desmoulins (1760-1794): jacobino, amigo de Danton, tomou parte na Revolução Francesa; morreu guilhotinado.

15. Louis-Antoine-Léon de Saint-Just (1767-1794): líder jacobino na Revolução Francesa, igualmente guilhotinado.

16. Isto é, Napoleão.

vre concorrência, explorar as terras loteadas e usar a desencadeada força produtiva industrial da nação, e, além das fronteiras francesas, varreu por toda parte as configurações feudais até onde era necessário a fim de proporcionar à sociedade burguesa da França um entorno correspondente e adequando à época no continente europeu. Uma vez estabelecida a nova formação social, desapareceram os colossos antediluvianos e, com eles, a romanidade ressuscitada – os Brutos, Gracos, Publícolas, os tribunos, os senadores e o próprio César.[17] Em sua prosaica realidade, a sociedade burguesa gerou seus verdadeiros intérpretes e porta-vozes na figura dos Says, Cousins, Royer-Collards, Benjamin Constants e Guizots[18], seus verdadeiros generais estavam sentados atrás da mesa de escritório e a cabeça balofa de Luís XVIII[19]

---

17. Marco Júnio Bruto (c. 85-42 a.C.): estadista romano, um dos iniciadores da conspiração aristocrático-republicana contra Júlio César; Gaio Semprônio Graco (153-121 a.C.) e seu irmão Tibério Semprônio Graco (163-133 a.C.): ambos tribunos, lutaram pela aprovação de leis agrárias que beneficiassem o campesinato; Públio Valério Publícola (m. 503 a.C.): estadista da República Romana; Gaio Júlio César (c. 100-44 a.C.): general e estadista romano.

18. Jean-Baptiste Say (1767-1832): economista e industrial; Victor Cousin (1792-1867): filósofo idealista, eclético; Pierre-Paul Royer-Collard (1763-1845): filósofo e político, adepto da monarquia constitucional; Benjamin Constant de Rebecque (1767-1830): político, jornalista e escritor; François-Pierre-Guillaume Guizot (1787-1874): historiador e estadista, orleanista, comandou a política interior e exterior da França entre 1840-1848 e defendia os interesses da grande burguesia financeira.

19. Luís XVIII (1755-1824): rei da França de 1814 a março de 1815 e de julho de 1815 a 1824.

era seu chefe político. Completamente absorvida na produção da riqueza e na pacífica luta da concorrência, ela não compreendia mais que os espectros da época romana tinham zelado por seu berço. Mas, desprovida como é de heroísmo a sociedade burguesa, precisou-se não obstante de heroísmo, de sacrifício, de terror, de guerra civil e das batalhas das nações para colocá-la no mundo. E seus gladiadores encontraram nas tradições classicamente austeras da República Romana os ideais e as formas artísticas, os autoenganos de que precisavam para ocultar de si mesmos o conteúdo burguesamente limitado de suas lutas e manter sua paixão à altura da grande tragédia histórica. Foi assim que, num outro nível de desenvolvimento, um século antes, Cromwell[20] e o povo inglês tomaram emprestadas do Antigo Testamento a linguagem, as paixões e as ilusões para sua revolução burguesa. Quando a verdadeira meta fora alcançada, quando a remodelação burguesa da sociedade inglesa estava consumada, Locke[21] suplantou Habacuque.[22]

Assim, o despertar dos mortos nessas revoluções serviu para glorificar as novas lutas, não para fazer paródia das antigas; para exagerar na imagina-

---

20. Oliver Cromwell (1599-1658): estadista inglês, líder da burguesia e da nobreza aburguesada durante a revolução burguesa do século XVII; de 1653 a 1658, lorde protetor da Inglaterra, da Escócia e da Irlanda.

21. John Locke (1632-1704): filósofo inglês, ideólogo do liberalismo e principal representante do empirismo em seu país.

22. Profeta do Antigo Testamento.

ção a tarefa dada, não para fugir de sua solução na realidade; para reencontrar o espírito da revolução, não para fazer seu espectro aparecer outra vez.

Nos anos de 1848 a 1851, apareceu apenas o espectro da antiga revolução, desde Marrast[23], o *républicain en gants jaunes* [republicano de luvas amarelas][24], que se disfarçou de velho Bailly[25], até o aventureiro que esconde suas feições repulsivo-triviais sob a férrea máscara mortuária de Napoleão. Um povo inteiro, que acredita ter imprimido a si mesmo uma força cinética acelerada mediante uma revolução, encontra-se subitamente lançado de volta a uma época defunta, e, para que não seja possível qualquer engano sobre o retrocesso, erguem-se novamente os velhos fatos, o velho calendário, os velhos nomes, os velhos éditos, que há muito pareciam ter sucumbido à erudição antiquária, e os velhos esbirros, que há muito pareciam ter apodrecido. A nação se sente como aquele inglês louco em Bedlam[26], que acredita viver na época dos antigos faraós e se lamenta cotidianamente sobre os duros serviços que tem de

---

23. Armand Marrast (1801-1852): jornalista e político francês, um dos líderes dos republicanos burgueses moderados; redator-chefe do jornal *Le National*; em 1848, membro do governo provisório e presidente da câmara municipal de Paris; em 1848-1849, presidente da Assembleia Nacional Constituinte.

24. Sinal de elegância, as luvas amarelas eram usadas pelos aristocratas.

25. Jean-Sylvain Bailly (1736-1793): astrônomo francês, político da Revolução Francesa, um dos líderes da burguesia liberal constitucional; guilhotinado.

26. Manicômio londrino.

executar nas minas etíopes como escavador de ouro, emparedado nessa prisão subterrânea, uma lâmpada luzindo precariamente fixada na própria cabeça, atrás dele o feitor com um longo chicote e, nas saídas, uma confusão de soldados bárbaros, que não compreendem os forçados nas minas nem se compreendem entre si, pois não falam qualquer língua comum. "E tudo isso é imposto a mim," – suspira o inglês louco – "a mim, um britânico nascido livre, para fazer ouro para os velhos faraós." "Para pagar as dívidas da família Bonaparte" – suspira a nação francesa. O inglês, enquanto ainda dispunha do entendimento, não conseguiu se livrar da ideia fixa de fazer ouro. Os franceses, desde que fizeram a revolução, não conseguem se livrar da lembrança napoleônica, como provou a eleição de 10 de dezembro.[27] Eles ansiavam livrar-se dos perigos da revolução e ter de volta as panelas de carne do Egito[28], e o 2 de dezembro de 1851 foi a resposta. Eles não têm apenas a caricatura do velho Napoleão, eles têm o velho Napoleão em pessoa, caricaturado tal como tem de se parecer em meados do século XIX.

A revolução social do século XIX não pode haurir sua poesia do passado, mas apenas do futuro. Ela não pode dar início a si mesma antes de ter se livrado de todas as superstições referentes ao passado. As revoluções anteriores precisavam das reminiscências

---

27. Em 10 de dezembro de 1848, Luís Bonaparte foi eleito Presidente da República francesa.

28. Ou seja, almejavam ter de volta uma vida supostamente boa e farta. A expressão idiomática remete à situação dos hebreus no deserto durante a lendária fuga do Egito. Ver Êxodo 16: 3.

da história mundial para se entorpecer a respeito de seu próprio conteúdo. Para chegar a seu próprio conteúdo, a revolução do século XIX tem de deixar os mortos enterrar seus mortos.[29] Lá a frase feita ia além do conteúdo, aqui o conteúdo vai além da frase feita.

A Revolução de Fevereiro foi uma ação súbita, uma *surpresa* para a velha sociedade, e o povo proclamou esse inesperado *golpe de mão* como um feito da história mundial que inaugurava a nova época. Em 2 de dezembro, a Revolução de Fevereiro foi escamoteada pelo truque de um jogador desonesto, e o que parece ter sido derrubado não é mais a monarquia, são as concessões liberais que lhe foram arrancadas pela insistência de lutas que duraram séculos. Em vez de a própria *sociedade* ter conquistado um novo conteúdo, parece que o *Estado* apenas voltou à sua forma mais antiga, ao domínio desavergonhadamente simples do sabre e da batina. Assim, o *coup de tête* [ato impensado, "golpe de cabeça"] de dezembro de 1851 responde ao *coup de main* [golpe de mão, ataque-surpresa] de fevereiro de 1848. O que vem fácil, vai fácil. Entretanto, esse ínterim não se passou inutilmente. Durante os anos de 1848-1851, a sociedade francesa recuperou – e isso com um método abreviador, porque revolucionário – os estudos e as experiências que, num desenvolvimento regular, por assim dizer conforme as regras escolares, deveriam ter precedido a Revolução de Fevereiro caso ela devesse ser algo mais do que um abalo da superfície. A sociedade parece agora ter retrocedido para antes de seu ponto de partida; na verdade, ela pre-

---

29. Ver Mateus 8: 22.

cisa antes providenciar o ponto de partida revolucionário, a situação, as circunstâncias, as condições sob as quais, unicamente, a revolução moderna se torna séria.

Revoluções burguesas como as do século XVIII se precipitam mais rapidamente de sucesso em sucesso, seus efeitos dramáticos superam uns aos outros, pessoas e coisas parecem emolduradas por brilhantes de fogo, o êxtase é o espírito de cada dia; mas elas têm vida curta, logo atingiram seu ponto alto e uma longa ressaca toma conta da sociedade antes que ela aprenda a se apossar sobriamente dos resultados de seu período de tempestade e ímpeto.[30] Em contrapartida, revoluções proletárias como as do século XIX criticam sem cessar a si mesmas, interrompem-se constantemente em seu próprio curso, voltam ao que foi aparentemente consumado para começá-lo de novo, escarnecem radical-cruelmente das imperfeições, fraquezas e deplorabilidades de suas primeiras tentativas, parecem apenas derrubar seu inimigo para que ele extraia novas forças da terra e se reerga diante delas mais gigantescamente[31], recuam repetidas vezes face à imensidão indefinida de seus próprios fins até estar criada a situação que

---

30. A expressão "tempestade e ímpeto" alude ao movimento literário com esse nome que vicejou na Alemanha por volta de 1767 a 1785 e se caracterizou pela revolta contra o racionalismo iluminista, pela ênfase nos sentimentos e pelo desejo de liberdade; também costuma ser usada jocosamente para referir-se aos anos de juventude de alguém.

31. Alusão a Anteu, gigante da mitologia grega que, por ser filho de Geia (a terra), tornava-se mais forte quando era lançado ao chão e entrava em contato com sua mãe.

torna impossível qualquer retorno e as próprias circunstâncias gritem:

Hic Rhodus, hic salta! [32]
Aqui está a rosa, dança aqui!

De resto, qualquer observador razoável, mesmo que não tivesse acompanhado passo a passo o curso do desenvolvimento francês, suspeitaria que uma ignomínia inaudita aguardava a Revolução. Bastava ouvir o presunçoso alarido de vitória com que os senhores democratas se congratulavam a propósito dos efeitos de graça do segundo de maio de 1852.[33] O segundo de maio de 1852 tornara-se em suas cabeças uma ideia fixa, um dogma, tal como nas cabeças dos quiliastas[34] o dia em que Cristo deveria retornar

---

32. Latim: aqui é Rodes, salta aqui! A expressão remonta a uma fábula de Esopo. Nela, um fanfarrão volta à pátria gabando-se de seus feitos no estrangeiro, sobretudo na ilha de Rodes, onde teria dado um salto inigualável; um dos presentes lhe diz então com zombaria: "Olha: aqui está Rodes, salta aqui". A variante "Aqui está a rosa, dança aqui!" é dada por Hegel no prefácio a *Grundlinien der Philosophie des Rechts* [Princípios da filosofia do direito], aparentemente com base na semelhança entre *Rhodus* (Rodes) e *rhódon* (rosa).

33. Isto é, do *segundo domingo* de maio de 1852 (9 de maio), quando deveriam ocorrer novas eleições para Presidente da República na França. Nos círculos democratas pequeno-burgueses esperava-se que nesse dia os partidos democratas chegassem ao poder.

34. Adeptos do quiliasmo, doutrina segundo a qual os crentes reinariam com Cristo durante mil anos após o Juízo Final (Apocalipse 20: 1-6).

e começar o império de mil anos. Como sempre, a fraqueza se refugiou na crença em milagres, acreditou ter vencido o inimigo ao afastá-lo em imaginação mediante feitiços, e perdeu toda a compreensão do presente devido à glorificação passiva do futuro que a esperava e dos atos que tinha *in petto* [no peito, em segredo] mas que apenas ainda não queria trazer a público. Aqueles heróis que procuram refutar sua comprovada incapacidade oferecendo sua compaixão uns aos outros e se reunindo num monte tinham feito suas trouxas, embolsado suas coroas de louros obtidas por antecipação e estavam justamente ocupados em descontar as repúblicas *in partibus*[35] no mercado de câmbio, para as quais, no mais recôndito de seu espírito despretensioso, já tinham organizado de maneira previdente os funcionários do governo. O 2 de dezembro os atingiu como um raio num céu limpo, e os povos que em épocas de indisposição pusilânime deixam de bom grado seu medo interior ser atordoado pelos mais ruidosos gritalhões talvez tenham se convencido de que se foram os tempos em que o grasnar dos gansos podia salvar o Capitólio.[36]

---

35. Abreviação da expressão latina *in partibus infidelium*, "nas regiões dos infiéis", com que a Igreja católica designava o caráter meramente honorífico e não efetivo do título de um bispo nomeado para uma diocese num país não cristão e, por isso, impossibilitado de exercer suas funções. Por extensão, "sem função real".

36. Em 390 a.C., os gansos sagrados do Capitólio teriam grasnado denunciando a infiltração silenciosa dos gauleses e assim evitado que as tropas de Roma fossem atacadas pelas costas.

A Constituição, a Assembleia Nacional, os partidos dinásticos[37], os republicanos azuis e vermelhos[38], os heróis da África[39], o trovão da tribuna, o relâmpago da imprensa diária, a literatura inteira, os nomes políticos e os renomes intelectuais, o código civil e o direito penal, a *liberté, égalité, fraternité* e o segundo domingo de maio de 1852 – tudo desapareceu como uma fantasmagoria frente à fórmula encantatória de um homem que nem os próprios inimigos tomam por bruxo. O sufrágio universal parece ter sobrevivido apenas por um momento, para que de próprio punho fizesse seu testamento diante dos olhos de todo mundo e declarasse em nome do próprio povo: "Tudo o que existir digno é de sucumbir".[40]

Não basta dizer, como fazem os franceses, que sua nação foi surpreendida. Uma nação e uma mu-

---

37. Partidos que defendiam a restauração da antiga monarquia francesa, opondo-se portanto à república revolucionária. Dividiam-se em dois grupos: os legitimistas e os orleanistas (incluindo os filipistas). Os primeiros eram adeptos do mais antigo ramo "legítimo" da dinastia Bourbon, que estivera no poder na França de 1589 a 1793 e durante a Restauração, de 1814 a 1830; defendiam os interesses do latifúndio hereditário. Os últimos eram partidários da dinastia de Orléans, que governara a França durante a Monarquia de Julho (1830-1848) e cujo rei, Luís Filipe, renunciou em 1848 após a Revolução de Fevereiro e se refugiou na Inglaterra; defendiam os interesses da aristocracia financeira e da grande burguesia industrial.

38. Os republicanos burgueses e os socialistas.

39. Os generais Cavaignac, Lamoricière e Bedeau, que haviam participado vitoriosamente das guerras coloniais na Argélia.

40. Marx cita quase sempre de memória; daí a ligeira imprecisão na fala de Mefistófeles: "Pois tudo o que nascer / É digno de perecer" (Goethe, *Fausto I*, "Gabinete de estudo", versos 1339-1340).

lher não serão perdoadas pela hora não vigiada em que o primeiro aventureiro que aparece pôde violentá-las. O enigma não é resolvido por tais expressões, mas apenas formulado de outro modo. Restaria esclarecer como uma nação de 36 milhões de habitantes pode ser surpreendida e conduzida sem resistência ao cativeiro por três cavalheiros de indústria.[41]

Recapitulemos em traços gerais as fases pelas quais a Revolução Francesa passou de 24 de fevereiro de 1848 a dezembro de 1851.

Três períodos principais são inequívocos: *o período de fevereiro*; de 4 de maio de 1848 a 29 de maio[42] de 1849: *período de constituição da república* ou *da Assembleia Nacional Constituinte*; de 29 de maio de 1849 a 2 de dezembro de 1851: *período da república constitucional* ou *da Assembleia Nacional Legislativa*.

O *primeiro período*, de 24 de fevereiro, ou da queda de Luís Filipe[43], até 4 de maio de 1848, ocasião da reunião da Assembleia Constituinte, o *período de fevereiro* propriamente dito, pode ser chamado de *prólogo* da Revolução. Seu caráter se manifestou oficialmente no fato de o governo por ela improvisado

---

41. Em alemão, *Industrieritter*, termo arcaico usado para referir-se jocosamente a grandes industriais. Provém do francês *chevalier d'industrie*, em que, como no equivalente português, significa "vigarista" (indústria = astúcia). Marx não esclarece quem seriam exatamente os três cavalheiros; alguns comentadores opinam que "três" significa simplesmente "alguns".

42. A data correta, aqui e nas demais ocorrências ao longo do livro, é 28 de maio.

43. Luís Filipe (1773-1850): duque de Orléans, rei da França de 1830 a 1848.

declarar a si mesmo *provisório*, e, tal como o governo, tudo o que nesse período foi sugerido, tentado e dito se passava apenas por *provisório*. Nada nem ninguém ousava reivindicar para si o direito de existência e de ação real. Todos os elementos que tinham preparado ou determinado a Revolução – a oposição dinástica[44], a burguesia republicana, a pequena burguesia democrático-republicana, os operários social-democratas – encontraram provisoriamente seu lugar no *governo* de fevereiro.

Não podia ser de outro modo. Os dias de fevereiro almejavam originalmente uma reforma eleitoral, mediante a qual o círculo dos politicamente privilegiados entre a própria classe possuidora fosse ampliado e o domínio exclusivo da aristocracia financeira fosse derrubado. No entanto, quando o verdadeiro conflito se produziu, quando o povo subiu nas barricadas, a guarda nacional se portou passivamente, o exército não ofereceu qualquer resistência séria e a realeza saiu correndo, a república parecia ser uma coisa óbvia. Cada partido a interpretou segundo sua maneira de pensar. Obtida à força pelo proletariado com armas na mão, este lhe imprimiu seu selo e a proclamou *república social*. Assim fora indicado o conteúdo geral da revolução moderna, conteúdo que se achava em singularíssima contradição com tudo o

---

44. Grupo na câmara francesa dos deputados liderado por Odilon Barrot durante a Monarquia de Julho. Seus membros expressavam as concepções políticas dos círculos liberais da burguesia industrial e comercial e defendiam uma reforma eleitoral moderada; viam nisso uma forma de evitar a revolução e manter a dinastia Orléans no poder.

que poderia ser posto em andamento de início e de imediato com o material existente, com o nível de formação alcançado pela massa e sob as circunstâncias e condições dadas. Por outro lado, a reivindicação de todos os demais elementos que contribuíram para a Revolução de Fevereiro foi reconhecida na parte do leão que lhes coube no governo. Por isso, em período algum encontramos uma mistura mais confusa de transcendentes frases feitas e efetiva incerteza e falta de jeito, de mais entusiástico anseio por inovação e de mais radical domínio da velha rotina, de mais aparente harmonia de toda a sociedade e de mais profundo estranhamento entre seus elementos. Enquanto o proletariado parisiense ainda se regozijava com a visão da grande perspectiva que tinha se aberto para ele e se alongava em discussões sérias sobre os problemas sociais, os velhos poderes da sociedade se agruparam, se concentraram, refletiram e encontraram um apoio inesperado na massa da nação, os camponeses e os pequeno-burgueses, que se precipitaram todos de uma vez no palco político depois que caíram as barreiras da Monarquia de Julho.

O *segundo período*, de 4 de maio de 1848 até o final de maio de 1849, é o período da *constituição, da fundação da república burguesa*. Imediatamente após os dias de fevereiro, não só a oposição dinástica foi surpreendida pelos republicanos e estes pelos socialistas, mas a França inteira foi surpreendida por Paris. A Assembleia Nacional, que se reuniu em 4 de maio de 1848, sendo o resultado das eleições da nação, representava a nação. Era um protesto vivo contra as impertinências dos dias de fevereiro e deveria reduzir à escala burguesa os resultados da Revolução. O proletariado parisiense, que logo compreendeu o caráter dessa Assembleia Nacional, tentou inutilmente, em 15 de maio, poucos dias após sua reunião, negar à força sua existência, dissolvê-la, dispersar outra vez em componentes isolados a forma orgânica sob a qual o espírito reacionário da nação o ameaçava.[45] Como se sabe, o 15 de maio não teve outro resultado senão o de afastar Blanqui[46] e seus camaradas, quer dizer, os verdadeiros líderes do partido proletário, do cenário público por toda a duração do ciclo que consideramos.

À *monarquia burguesa* de Luís Filipe só pode se seguir a *república burguesa*, quer dizer, se uma parte restrita da burguesia dominou sob o nome do rei, agora a totalidade da burguesia dominará em nome do povo. As exigências do proletariado parisiense são

---

45. Em 16 de abril de 1848, uma manifestação pacífica de trabalhadores que pretendiam entregar um requerimento ao governo provisório foi dispersada pela guarda nacional. Em 15 de maio de 1848, trabalhadores parisienses invadiram a sala de sessões da Assembleia Nacional Constituinte, declararam-na dissolvida e tentaram formar um governo revolucionário, mas foram dispersados pela guarda nacional e por tropas regulares. Os líderes dos trabalhadores, entre eles Blanqui, foram presos.

46. Louis-Auguste Blanqui (1805-1881): socialista, teórico e revolucionário. Em 1830, tomou parte na Revolução de Julho, que derrubou o rei Carlos X. Devido a seu papel na oposição republicana e sua luta contra o rei Luís Filipe, bem como à sua participação na Insurreição de Junho (1848) e na Comuna de Paris (1871), passou mais de trinta anos na prisão.

disparates utópicos aos quais cabe dar um fim. A essa declaração da Assembleia Nacional Constituinte o proletariado parisiense respondeu com a *Insurreição de Junho*, o mais colossal evento na história das guerras civis europeias. A república burguesa venceu. A seu lado estavam a aristocracia financeira, a burguesia industrial, a classe média, os pequeno-burgueses, o exército, o lumpemproletariado[47] organizado como guarda móvel[48], as sumidades intelectuais, os padrecos e a população rural. Ao lado dos proletários parisienses não havia ninguém senão eles mesmos. Mais de 3 mil insurgentes foram massacrados após a vitória, 15 mil foram deportados sem julgamento. Com essa derrota, o proletariado passa para o *segundo plano* do palco revolucionário. Ele tenta pôr-se outra vez à frente sempre que o movimento parece tomar um novo impulso, mas com um emprego de energia cada vez mais débil e um resultado cada vez mais escasso. Tão logo uma das camadas sociais acima dele entra em fermentação revolucionária, ele alia-se a ela e partilha assim de todas as derrotas que os diferentes partidos sofrem um após o outro. Mas esses golpes posteriores se enfraquecem cada vez mais quanto mais se distribuem por toda a

---

47. Ou "proletariado esfarrapado". Termo de forte conotação pejorativa; *Lumpen* (trapo, farrapo) aponta não só para a miséria extrema, mas também para a má qualidade (de uma coisa) ou o baixo nível moral (de uma pessoa).

48. A guarda móvel foi criada por um decreto do governo provisório datado de 25 de fevereiro de 1848 com a finalidade de combater as massas revolucionárias do povo.

superfície da sociedade. Seus líderes mais significativos na Assembleia e na imprensa tornam-se vítimas dos tribunais um após o outro, e figuras cada vez mais ambíguas assumem sua liderança. Em parte, ele se lança em *experimentos doutrinários, bancos de troca*[49] *e associações de trabalhadores*[50]*, ou seja, num movimento em que abdica de revolucionar o velho mundo com o próprio e grande conjunto de meios deste, buscando antes consumar sua salvação pelas costas da sociedade, de maneira privada, dentro de suas limitadas condições de existência, ou seja, necessariamente fracassando.* Ele parece não reencontrar a grandeza revolucionária em si mesmo nem ser capaz de obter nova energia a partir das novas alianças feitas até que *todas as classes* com que lutou em junho estejam estateladas a seu lado no chão. Mas, pelo menos, ele sucumbe com as honras da grande luta histórica de importância mundial; não só a França, toda a Europa estremece devido ao terremoto de junho, enquanto as derrotas subsequentes das classes mais elevadas são compradas tão barato que necessitam do exagero descarado por parte do partido vitorioso para poderem passar por eventos, tornando-se tão mais vergonhosas quanto mais o partido derrotado estiver afastado do partido proletário.

---

49. A ideia dos bancos de troca foi desenvolvida por Proudhon em *Organisation du crédit et de la circulation*, obra de 1848. Consistia em suprimir o dinheiro ao substituir a moeda oficial por "títulos de troca" entre trabalhadores de diferentes ramos.

50. Cooperativas em que os trabalhadores tinham salários iguais, às quais aderiam livremente e que prescindiam de patrão.

A derrota dos insurgentes de junho de fato preparou, aplanou o terreno sobre o qual a república burguesa pôde ser fundada, construída; mas, ao mesmo tempo, mostrou que as questões que importam na Europa são outras que não "república ou monarquia". Ela revelou que aqui *república burguesa* significa o despotismo irrestrito de uma classe sobre outras classes. Ela provou que, em países de civilização antiga com uma formação desenvolvida de classes, com condições de produção modernas e com uma consciência intelectual em que todas as ideias legadas foram dissolvidas por um trabalho de séculos, a *república em geral significa apenas a forma política de subversão da sociedade burguesa*, e não sua *forma conservadora de vida*, como, por exemplo, nos Estados Unidos da América do Norte, onde já existem classes, é verdade, mas elas ainda não se fixaram, porém, em fluxo contínuo, trocam constantemente seus componentes e os cedem umas às outras, onde os modernos meios de produção, em vez de coincidir com uma superpopulação estagnada, suprem a relativa escassez de cabeças e mãos, e onde, por fim, o movimento febrilmente jovem da produção material, que tem um novo mundo do qual se apropriar, não deixou tempo nem ocasião para eliminar o velho mundo de espectros.

Durante os dias de junho, todas as classes e todos os partidos se unificaram no *partido da ordem* em oposição à classe proletária, considerada o *partido da anarquia*, do socialismo, do comunismo. Eles tinham "salvado" a sociedade dos "*inimigos da so-*

ciedade". Tinham distribuído como senha entre seu exército os lemas da velha sociedade, "*propriedade, família, religião, ordem*", e gritado para a cruzada contrarrevolucionária: "Com este sinal vencerás!".[51] A partir desse instante, tão logo um dos numerosos partidos que tinham se reunido sob esse sinal contra os insurgentes de junho busca vencer no campo de batalha revolucionário em seu próprio interesse de classe, ele sucumbe frente a este grito: "Propriedade, família, religião, ordem". A sociedade é salva com a mesmíssima frequência com que se estreita o círculo de seus dominadores, com que um interesse mais exclusivo se afirma frente ao mais amplo. Qualquer reivindicação da mais simples reforma financeira burguesa, do mais ordinário liberalismo, do mais formal republicanismo, da mais trivial democracia é simultaneamente punida como "atentado à sociedade" e estigmatizada como "socialismo". E, por fim, os próprios sumos sacerdotes da "religião e da ordem" são expulsos a pontapés de seus assentos de pítia[52], arrancados de suas camas na calada da noite, metidos em veículos da polícia, jogados no cárcere ou mandados para o exílio, seu templo é arrasado, sua boca é selada, sua pena é quebrada e sua lei é

---

51. Frase (*in hoc signo vinces*) que, pouco antes de uma batalha em 312, o imperador romano Constantino (274-337) teria visto em sonho inscrita numa cruz; segundo a lenda, ele adotou o símbolo e venceu a batalha, converteu-se ao cristianismo e pôs fim à perseguição aos cristãos.

52. Na Antiguidade, sacerdotisa de Apolo que pronunciava oráculos no templo consagrado a esse deus em Delfos.

rasgada em nome da religião, da propriedade, da família, da ordem. Burgueses fanáticos pela ordem são abatidos a tiros em seus balcões por bandos de soldados bêbados, seu santuário familiar é profanado, suas casas são bombardeadas por passatempo – em nome da propriedade, da família, da religião e da ordem. Por fim, a escória da sociedade burguesa forma a *sagrada falange da ordem* e o herói Crapulinski[53] muda-se para as Tulherias[54] como "*salvador da sociedade*".

---

53. Refere-se a Luís Bonaparte. De um poema de Heinrich Heine, "Zwei Ritter" [Dois cavaleiros], em que o segundo se chama Covardevski.

54. Palácio que era a residência dos reis da França em Paris.

II.

Retomemos o fio do desenvolvimento.

A história da *Assembleia Nacional Constituinte* desde os dias de junho é a *história do domínio e da dissolução da facção republicana da burguesia*, aquela facção conhecida sob os nomes de republicanos tricolores, republicanos puros, republicanos políticos, republicanos formalistas etc.

Sob a monarquia burguesa de Luís Filipe, ela formara a *oposição* republicana *oficial* e, assim, uma parte reconhecida do mundo político de então. Ela tinha seus representantes nas Câmaras e um significativo círculo de ação na imprensa. Seu órgão parisiense, *Le National*[55], era considerado, ao seu modo, tão respeitável quanto o *Journal des Débats*.[56] A essa

---

55. Diário francês publicado em Paris de 1830 a 1851; na década de 1840 foi o órgão dos republicanos burgueses moderados. O redator-chefe desse periódico e o líder desse grupo político, que se apoiava na burguesia industrial e numa parte dos intelectuais liberais, era Armand Marrast (ver nota 23).

56. Abreviação de *Journal des Débats politiques et littéraires*, jornal burguês fundado em Paris em 1789. Durante a Monarquia de Julho, foi, na condição de jornal do governo, o órgão da burguesia orleanista. Na revolução de 1848, defendeu as opiniões da burguesia contrarrevolucionária, o chamado partido da ordem.

posição que ocupava sob a monarquia constitucional correspondia seu caráter. Essa não era uma facção da burguesia mantida coesa por grandes interesses comuns nem definida por condições de produção peculiares. Era uma camarilha de burgueses, escritores, advogados, oficiais e funcionários públicos de mentalidade republicana cuja influência se apoiava nas antipatias pessoais do país contra Luís Filipe, nas lembranças da velha república, na crença republicana de alguns exaltados, mas sobretudo no *nacionalismo francês*, cujo ódio aos tratados de Viena[57] e à aliança com a Inglaterra ela mantinha constantemente desperto. Uma grande parte dos adeptos que o *National* tinha sob Luís Filipe se devia a esse imperialismo oculto, que por isso, mais tarde, pôde opor-se a ele sob a república como um concorrente aniquilador na pessoa de Luís Bonaparte. Ele combatia a aristocracia financeira como todo o resto da oposição burguesa o fazia. A polêmica contra o orçamento, que na França estava estreitamente relacionada com o combate à aristocracia financeira, proporcionou uma popularidade barata demais e um material para *leading articles* [artigos de fundo, editoriais] puritanos rico demais para não ser explorada. A burguesia industrial era-lhe grata por sua defesa servil do protecionismo aduaneiro francês –

---

57. Tratados assinados pelas potências europeias no Congresso de Viena (1814-1815) fixando as fronteiras dos Estados após a derrota da França napoleônica. Para a França, isso significou retornar ao território que o país tinha em 1790 e restaurar o poder dos Bourbon.

que ele aceitou, entretanto, mais por razões nacionais do que de economia nacional –, e o conjunto da burguesia, por suas malevolentes denúncias do comunismo e do socialismo. De resto, o partido do *National* era *puramente republicano*, quer dizer, ele reivindicava uma forma republicana em vez de monárquica de domínio da burguesia, e, sobretudo, a parte do leão nesse domínio. Ele não tinha qualquer clareza sobre as condições dessa transformação. Em compensação, o que lhe era claro como o dia e lhe fora declarado publicamente nos banquetes da reforma[58] no último período de Luís Filipe era sua impopularidade entre os pequeno-burgueses democratas e, em especial, entre o proletariado revolucionário. Esses republicanos puros, como afinal é do feitio dos republicanos puros, também já estavam prontos a se contentar de início com uma regência da duquesa de Orléans[59], quando estourou a Revolução de Fevereiro e indicou a seus representantes mais conhecidos um lugar no governo provisório. Naturalmente, tinham de antemão a confiança da burguesia e a maioria na Assembleia Nacional Constituinte. Os elementos *socialistas* do governo provisório foram imediatamente

---

58. Banquetes organizados na época da campanha pela reforma eleitoral iniciada em julho de 1847.

59. Ao primeiro susto com a irrupção da revolução, Luís Filipe abdica na manhã de 24 de fevereiro de 1848 em favor de seu neto de nove anos, o conde de Paris. Por ser menor de idade, contava-se com a regência de sua mãe, a condessa de Orléans. A manobra naufraga, e os revolucionários proclamam um governo provisório.

excluídos da comissão executiva[60] que a Assembleia Nacional formou em sua reunião, e o partido do *National* aproveitou a eclosão da Insurreição de Junho para também dispensar a *comissão executiva* e assim livrar-se de seus rivais mais imediatos, os *republicanos pequeno-burgueses* ou *democratas* (Ledru-Rollin[61] etc.). Cavaignac[62], o general do partido republicano-burguês, que comandou a batalha de junho, entrou no lugar da comissão executiva com uma espécie de poder ditatorial. Marrast, ex-redator *en chef* do *National*, tornou-se presidente perpétuo da Assembleia Nacional Constituinte, e os ministérios, como todos os demais postos importantes, couberam aos republicanos puros.

A facção republicana burguesa, que há muito se considerara a legítima herdeira da Monarquia de Julho, viu assim superado seu ideal, mas ela chegou ao

---

60. A comissão executiva nomeada pela Assembleia Constituinte substituiu o governo provisório em 10 de maio de 1848. Era composta basicamente por republicanos moderados e excluiu os socialistas.

61. Alexandre-Auguste Ledru-Rollin (1807-1874): jornalista e político francês, um dos líderes dos democratas pequeno-burgueses, redator do jornal *La Réforme*; em 1848, ministro do Interior do governo provisório e membro da comissão executiva, deputado da Assembleia Nacional Constituinte e Legislativa (Montanha); depois de 13 de junho de 1849, emigrou para a Inglaterra.

62. Louis-Eugène Cavaignac (1802-1857): general e político francês, republicano burguês moderado; em 1848, governador da Argélia e, a partir de maio, ministro da Guerra; investido de plenos poderes ditatoriais pela Assembleia Nacional Constituinte, reprimiu com crueldade a Revolta de Junho do proletariado parisiense; primeiro-ministro de junho a dezembro de 1848.

domínio não como sonhara sob Luís Filipe, através de uma revolta liberal da burguesia contra o trono, e sim através de uma rebelião do proletariado, abatida a fogo de metralha, contra o capital. O que ela imaginara como o evento *mais revolucionário* passou-se na realidade como o *mais contrarrevolucionário*. O fruto caiu-lhe no colo, mas ele caiu da árvore do conhecimento, não da árvore da vida.[63]

O *domínio exclusivo dos republicanos burgueses* durou apenas de 24 de junho a 10 de dezembro de 1848. Ele se resume à *redação de uma Constituição republicana* e ao *estado de sítio de Paris*.

A nova *Constituição* era no fundo apenas a edição republicanizada da Carta Constitucional de 1830.[64] O restritivo censo eleitoral[65] da Monarquia de Julho, que excluiu do domínio político até mesmo uma grande parte da burguesia, era incompatível com a existência da república burguesa. A Revolução de Fevereiro proclamou de imediato o sufrágio universal

---

63. Segundo a mitologia hebraica, árvores que cresciam no meio do jardim do Éden. Os frutos da última podiam ser livremente consumidos e proporcionavam a vida eterna, mas os da primeira eram proibidos; seu consumo levou Adão e Eva a serem expulsos do jardim e condenados a trabalhar e a morrer (ver Gênesis 2-3).

64. Lei fundamental da Monarquia de Julho. Promulgava formalmente os direitos soberanos da nação e limitava muito pouco o poder do rei. Ao mesmo tempo, permaneceram intactos o aparato burocrático da polícia e as leis rigorosas contra o movimento trabalhista e o movimento democrático.

65. Imposto pago para ter o direito de votar e ser votado, o que significava que só as camadas mais ricas da população desfrutavam desse direito.

direto em lugar desse censo. Os republicanos burgueses não puderam desfazer esse acontecimento. Tiveram de contentar-se em acrescentar a determinação restritiva de um domicílio de seis meses no lugar da eleição. A antiga organização da administração, da municipalidade, da justiça, do exército etc. continuou intacta, ou, no que a Constituição a modificou, a modificação afetou o sumário, não o conteúdo; o nome, não a coisa.

O inevitável estado-maior das liberdades de 1848 – liberdade pessoal, liberdade de imprensa, de expressão, de associação, de reunião, de ensino e de religião etc. – recebeu um uniforme constitucional que as tornou invulneráveis. É que cada uma dessas liberdades é proclamada direito *incondicional* do *citoyen* [cidadão] francês, mas com a constante nota marginal de ser irrestrita até o ponto em que não seja limitada pelos "*mesmos direitos dos outros* e pela *segurança pública*", ou por "leis" às quais cabe precisamente mediar essa harmonia das liberdades individuais entre si e com a segurança pública. Por exemplo: "Os cidadãos têm o direito de se associar, de se reunir pacificamente e sem armas, de fazer petições e de expressar suas opiniões pela imprensa ou de que modo for. *O gozo desses direitos não tem qualquer outro limite senão os mesmos direitos dos outros e a segurança pública*" (capítulo II da Constituição francesa, § 8). – "O ensino é livre. A liberdade de ensino deve ser *gozada* sob as condições fixadas pela lei e sob a supervisão do Estado" (*idem*, § 9). – "A moradia de cada cidadão é inviolável, *exceto* nas formas prescritas pela lei" (capítulo I, § 3) etc. – Assim, a Constituição aponta constantemente para futuras leis *orgânicas* que devem desenvolver essas notas marginais e regular o gozo dessas liberdades irrestritas de tal modo que não colidam entre si nem com a segurança pública. E, mais tarde, essas leis orgânicas são chamadas à vida pelos amigos da ordem e todas essas liberdades são reguladas de forma que a burguesia não esbarre, no gozo delas, nos mesmos direitos das outras classes. Quando ela recusa completamente essas liberdades "aos outros", ou permite seu gozo sob condições que são exatamente outras tantas armadilhas policiais, isso acontece apenas no interesse da "*segurança pública*", quer dizer, da segurança da burguesia, conforme prescreve a Constituição. Por isso, ambos os lados apelam na sequência, com pleno direito, à Constituição, tanto os amigos da ordem, que suprimiram todas essas liberdades, quanto os democratas, que as exigiam todas. É que cada parágrafo da Constituição contém sua própria antítese, sua própria Câmara Alta e Câmara Baixa[66] em si, a saber, a liberdade na formulação geral e a supressão da liberdade na nota marginal. Assim, enquanto o *nome* da liberdade foi respeitado e apenas a realização efetiva dela foi impedida – por via legal, compreende-se –, a existência constitucional da liberdade permaneceu incólume, intocada, por mais que sua existência *comum* fosse morta a pancadas.

---

66. Alusão ao sistema bicameral do parlamentarismo inglês.

Essa Constituição, tornada inviolável de maneira tão engenhosa, era, entretanto, como Aquiles, vulnerável num ponto, não no calcanhar, mas na cabeça, ou, antes, nas duas cabeças em que se ramificava – a *Assembleia Legislativa*, por um lado, e o *presidente*, por outro. Passemos os olhos pela Constituição e veremos que apenas os parágrafos em que se determina a relação do presidente com a Assembleia Legislativa são absolutos, positivos, sem contradições, indistorcíveis. É que aí importava aos republicanos burgueses garantir a própria segurança. Os § 45-70 da Constituição são redigidos de tal modo que a Assembleia Nacional possa afastar o presidente constitucionalmente e o presidente possa afastar a Assembleia Nacional apenas inconstitucionalmente, apenas ao afastar a própria Constituição. Assim, a Assembleia incita aqui à sua violenta aniquilação. Ela não só santifica a divisão dos poderes, como a Carta de 1830, ela a amplia até a insuportável contradição. *O jogo dos poderes constitucionais*, conforme Guizot[67] denominou a celeuma parlamentar entre o poder legislativo e o executivo, aposta constantemente, na Constituição de 1848, tudo numa carta só. Num dos lados, 750 representantes do povo escolhidos por sufrágio universal e passíveis de serem reeleitos, que formam uma Assembleia Nacional incontrolável, indissolúvel e indivisível, uma Assembleia Nacional que goza de onipotência legisladora, que decide em última instância a respeito da guerra, da paz e dos acordos comerciais,

---

67. Ver nota 18.

que é a única a deter o direito de anistia e que, por sua permanência, ocupa incessantemente o primeiro plano do palco. Do outro lado, o presidente, com todos os atributos do poder da realeza, autorizado a empossar e a destituir seus ministros independentemente da Assembleia Nacional, com todos os meios do poder executivo em mãos, distribuindo todos os cargos e assim decidindo na França acerca de pelo menos um milhão e meio de existências, pois esse é o número dos que dependem dos 500 mil funcionários públicos e dos oficiais de todos os graus. Ele tem todo o poder armado atrás de si. Goza do privilégio de perdoar criminosos isolados, suspender as guardas nacionais, destituir, em acordo com o conselho de Estado, conselhos gerais, cantonais e municipais eleitos pelos próprios cidadãos. São-lhe reservadas a iniciativa e a direção de todos os acordos com o estrangeiro. Enquanto a Assembleia atua constantemente no tablado e está exposta à ordinária e crítica luz do dia, ele leva uma vida escondida nos Campos Elísios[68], e isso com o artigo 45 da Constituição diante dos olhos e no coração, gritando-lhe diariamente: "*Frère, il faut mourir!* [Irmão, é preciso morrer!][69] Teu poder cessa no segundo domingo do belo mês de maio, no quarto ano de tua eleição! Então acabou-se, a peça

---

68. Na mitologia grega, a morada dos heróis e dos justos após a morte. Marx faz um jogo de palavras com o nome da residência oficial do presidente francês, chamada na época de Élysée-National.

69. Saudação dos monges trapistas, as únicas palavras permitidas entre eles, visto que fazem um voto de silêncio.

não é representada duas vezes, e, se tens dívidas, então trata de saldá-las a tempo com os 600 mil francos que te foram concedidos pela Constituição, se é que porventura não prefiras terminar em Clichy[70] na segunda segunda-feira do belo mês de maio!". – Se a Constituição atribui dessa forma o poder efetivo ao presidente, busca assegurar o poder moral à Assembleia Nacional. Sem considerar o fato de ser impossível criar um poder moral por meio dos parágrafos da lei, a Constituição se anula aí outra vez ao fazer o presidente ser eleito por todos os franceses mediante sufrágio direto. Enquanto os votos da França se estilhaçam entre os 750 membros da Assembleia Nacional, neste caso, em compensação, eles se concentram num só indivíduo. Enquanto cada um dos representantes do povo representa apenas este ou aquele partido, esta ou aquela cidade, esta ou aquela cabeça de ponte, ou mesmo apenas a necessidade de escolher um qualquer dentre os 750, em quem não se enxerga com exatidão nem a causa nem o homem, o presidente é o eleito da nação, e o ato de sua eleição é o grande trunfo que o povo soberano joga uma só vez a cada quatro anos. A Assembleia Nacional eleita se encontra numa relação metafísica com a nação, mas o presidente eleito, numa relação pessoal. A Assembleia Nacional por certo apresenta em cada um de seus representantes as múltiplas facetas do espírito nacional, mas, no presidente, este se encarna. Comparado a ela, ele detém uma espécie de direito divino, ele é pela graça do povo.

---

70. De 1826 a 1867, a prisão por dívidas em Paris.

Tétis, a deusa do mar, profetizou a Aquiles[71] que ele morreria na flor da juventude. A Constituição, que, como Aquiles, tem sua nódoa podre, também tinha o pressentimento, como Aquiles, de que teria uma morte prematura. Aos republicanos puros e constituintes, bastou lançar do céu nublado de sua república ideal um olhar sobre o mundo profano para reconhecer que a petulância dos realistas, dos bonapartistas, dos democratas e dos comunistas, assim como seu próprio descrédito, aumentavam diariamente na mesma medida em que se aproximavam da consumação de sua grande obra de arte legisladora, sem que por isso Tétis precisasse deixar o mar e comunicar-lhes o segredo. Eles buscaram ludibriar o destino de modo astuto-constitucional mediante o § 111 da Constituição, segundo o qual toda proposta de *revisão da Constituição* deveria ser votada em três debates sucessivos, entre os quais deveria haver sempre um intervalo de um mês inteiro, com pelo menos três quartos dos votos, pressupondo ainda que não votassem menos de quinhentos membros da Assembleia Nacional. Com isso, fizeram apenas a tentativa impotente de ainda exercer como minoria parlamentar, que é como já se viam profeticamente em espírito, um poder que, naquele instante, quando dispunham da maioria parlamentar e de todos os meios

---

71. Figura central da *Ilíada*, de Homero. Sua mãe, Tétis, profetizou-lhe que teria a escolha entre uma vida curta e gloriosa ou uma vida longa e obscura; ele escolheu a primeira e foi morto no cerco de Troia.

da força governamental, a cada dia escapava mais de suas fracas mãos.

Por fim, num parágrafo melodramático, a Constituição confia a si mesma "à vigilância e ao patriotismo de todo o povo francês e de cada francês em particular", depois de em outro parágrafo já ter confiado os "vigilantes" e os "patriotas" à delicada e rigorosíssima atenção da alta corte, a "*haute cour*", expressamente por ela inventada.

Essa foi a Constituição de 1848, que, em 2 de dezembro de 1851, não foi derrubada por uma cabeça, mas caiu ao contato com um mero chapéu; contudo, esse chapéu era um tricórnio napoleônico.

Enquanto os republicanos burgueses estavam ocupados na Assembleia em engendrar, discutir e votar essa Constituição, do lado de fora da Assembleia Cavaignac mantinha o *estado de sítio de Paris*. O estado de sítio de Paris foi o parteiro da Constituinte em suas dores republicanas de criação. Se mais tarde a Constituição é liquidada pelas baionetas, não se pode esquecer que já no ventre materno ela teve de ser igualmente protegida pelas baionetas e colocada no mundo pelas baionetas – voltadas contra o povo, para ser mais preciso. Os antepassados dos "republicanos honestos" fizeram seu símbolo, a tricolor, dar a volta pela Europa. Estes, por sua vez, também produziram uma invenção que achou por conta própria o caminho por todo o continente, mas que com amor sempre renovado voltava à França, até que agora conquistou direito de cidadania em metade de seus departamentos – o *estado de sítio*. Primorosa invenção, periodicamente empregada em cada crise subsequente no decorrer da Revolução Francesa. Mas a caserna e o bivaque, que assim eram colocados periodicamente sobre a cabeça da sociedade francesa para comprimir seu cérebro e fazer dela um homem sossegado; o sabre e o mosquete, que periodicamente eram incumbidos de julgar e administrar, tutelar e censurar, agir como polícia e fazer a vigilância noturna; o bigode e o casaco militar, que periodicamente eram trombeteados como a sabedoria suprema da sociedade e como reitor da sociedade – a caserna e o bivaque, o sabre e o mosquete, o bigode e o casaco militar não tinham de topar por fim com a ideia de preferivelmente salvar a sociedade de uma vez por todas ao proclamar seu próprio *régime* como superior e livrar completamente a sociedade burguesa da preocupação de governar a si mesma? O fato de a caserna e o bivaque, o sabre e o mosquete, o bigode e o casaco militar toparem com essa ideia era tão mais necessário quanto o fato de então também poderem esperar um melhor pagamento em moeda sonante por seu elevado mérito, enquanto lucravam pouca coisa sólida com o estado de sítio apenas periódico e os salvamentos passageiros da sociedade por ordem desta ou daquela facção burguesa, com exceção de alguns mortos e feridos e algumas caretas amistosas dos burgueses. Por fim, não deveriam os militares também encenar o estado de sítio em seu próprio interesse e, por seu próprio interesse, sitiar ao mesmo tempo as bolsas de valores burguesas?

Aliás, seja dito de passagem, não esqueçamos que o *coronel Bernard*[72], o mesmo presidente da comissão militar que, sob Cavaignac, ajudou a deportar 15 mil insurgentes sem julgamento, move-se nesse instante outra vez à frente das comissões militares ativas em Paris.

Se os republicanos honestos, puros, construíram com o estado de sítio em Paris o viveiro em que cresceriam os pretorianos[73] do 2 de dezembro de 1851, eles merecem o louvor, em compensação, pelo fato de, em vez de exagerarem o sentimento nacional como sob Luís Felipe, rastejarem agora, quando dispõem do poder nacional, diante do estrangeiro e, em vez de libertarem a Itália, deixarem-na ser reconquistada por austríacos e napolitanos.[74] A eleição de Luís Bonaparte para presidente, em 10 de dezembro de 1848, deu um fim à ditadura de Cavaignac e à Constituinte.

No § 44 da Constituição consta: "O Presidente da República francesa jamais deve ter perdido sua qualidade de cidadão francês". O primeiro Presidente da República francesa, L.N. Bonaparte, não só perdera sua qualidade de cidadão francês, não só fora

---

72. Após o golpe de 2 de dezembro de 1851, um dos organizadores das perseguições judiciais a republicanos antibonapartistas.

73. Na Roma antiga, guarda pessoal de um imperador; aqui, designa os membros do exército que apoiaram Luís Bonaparte em seu golpe de Estado.

74. Com o apoio diplomático da França, a Áustria e o reino de Nápoles intervieram contra a República Romana, derrubada em 3 de julho de 1849.

policial especial inglês, mas era inclusive um suíço naturalizado.[75]

Desenvolvi noutro lugar o significado da eleição de 10 de dezembro.[76] Não voltarei aqui a esse tema. Basta observar que ela foi uma *reação dos camponeses*, que tiveram de pagar os custos da Revolução de Fevereiro, contra as demais classes da nação, uma *reação do campo contra a cidade*. Ela encontrou grande ressonância no exército, ao qual os republicanos do *National* não proporcionaram glória nem aumento de soldo, entre a grande burguesia, que saudou Bonaparte como ponte para a monarquia, e entre os proletários e os pequeno-burgueses, que o saudaram como um chicote para Cavaignac. Mais adiante, acharei ocasião de me aprofundar na relação dos camponeses com a Revolução Francesa.

A época de 20 de dezembro de 1848[77] até a dissolução da Constituinte, em maio de 1849, abarca a história do declínio dos republicanos burgueses. Depois de terem fundado uma república para a burguesia, expulsado do terreno o proletariado revolucionário e terem silenciado provisoriamente a pequena burguesia democrata, eles próprios são postos de lado

---

75. Em 1832 Luís Bonaparte adotara a cidadania suíça no cantão de Thurgau; em 1848, durante estadia na Inglaterra, entrara como voluntário nas fileiras dos policiais especiais (reserva policial formada por civis), que, em conjunto com a polícia, reprimiu manifestações de trabalhadores em 10 de abril de 1848.

76. Em *As lutas de classes na França de 1848 a 1850* (1850).

77. Dia em que Cavaignac renunciou a seu cargo e em que Luís Bonaparte tomou posse como Presidente da República.

pela massa da burguesia, que com razão reivindica essa república como *propriedade sua*. Mas essa massa burguesa era *realista*. Uma parte dela, os grandes proprietários de terras, dominara sob a *Restauração*, e era, por isso, *legitimista*. A outra, os aristocratas das finanças e os grandes industriais, dominara sob a Monarquia de Julho e era, por isso, *orleanista*. Os grandes dignatários do exército, da universidade, da Igreja, da ordem dos advogados, da academia e da imprensa dividiram-se por ambos os lados, embora em proporções distintas. Aqui, na república burguesa, que não levava o nome *Bourbon* nem o nome *Orléans*, e sim o nome *capital*, eles tinham achado a forma de Estado sob a qual podiam dominar *em conjunto*. A Insurreição de Junho já os tinha unificado no "partido da ordem". Agora importava antes de tudo eliminar a camarilha de republicanos burgueses que ainda ocupava assentos na Assembleia Nacional. Da mesma forma brutal como esses republicanos puros tinham abusado da força física contra o povo, assim eles recuavam agora, covardes, abatidos, desalentados, alquebrados e incapazes de lutar, quando cabia afirmar seu republicanismo e seu direito legislativo frente ao poder executivo e aos realistas. Não me compete relatar aqui a ultrajante história de sua dissolução. Foi um desvanecer, não um perecer. Sua história se encerrou para sempre e, no período seguinte, eles figuram, quer dentro, quer fora da Assembleia, apenas como lembranças, lembranças que parecem recobrar vida tão logo se trate novamente do mero nome "república" e sempre que o conflito revolucionário ameaça decair ao nível mais baixo. Observo de passagem que o jornal que deu a esse partido seu nome, o *National*, se converte ao socialismo no período seguinte.

Antes de terminarmos com esse período, ainda precisamos lançar um olhar retrospectivo aos dois poderes, dos quais um aniquila o outro em 2 de dezembro de 1851, enquanto de 20 de dezembro de 1848 até a saída de cena da Constituinte eles viviam numa relação matrimonial. Referimo-nos a Luís Bonaparte, por um lado, e ao partido dos realistas coligados, da ordem, da grande burguesia, por outro lado. Ao assumir a presidência, Bonaparte logo formou um ministério do partido da ordem, à frente do qual colocou Odilon Barrot[78], *nota bene*, o antigo líder da facção mais liberal da burguesia parlamentar. O senhor Barrot finalmente agarrara o ministério cujo fantasma o perseguia desde 1830, e, mais ainda, a presidência desse ministério; porém, não como imaginara sob Luís Filipe, como o mais avançado chefe da oposição parlamentar, mas com a tarefa de matar um parlamento e na condição de aliado de todos os seus arqui-inimigos, os jesuítas e os legitimistas. Ele finalmente leva a noiva para casa, mas apenas depois que fora prostituída. O próprio Bonaparte parecia ter se eclipsado completamente. Aquele partido agia por ele.

---

78. Camille-Hyacinthe-Odilon Barrot (1791-1873): durante a Monarquia de Julho, líder da oposição dinástica liberal; presidente do conselho ministerial de dezembro de 1848 a outubro de 1849, apoiou-se no bloco contrarrevolucionário monarquista.

Logo no primeiro conselho ministerial decidiu-se a expedição a Roma[79], sobre a qual se acordou que seria realizada pelas costas da Assembleia Nacional e que os recursos para tanto seriam arrancados desta sob falso pretexto. Começou-se, assim, ludibriando a Assembleia Nacional e fazendo uma conspiração secreta com os poderes absolutos do estrangeiro contra a república revolucionária romana. Da mesma maneira e com as mesmas manobras, Bonaparte preparou seu golpe de 2 de dezembro contra o legislativo realista e sua república constitucional. Não esqueçamos que o mesmo partido que em 20 de dezembro de 1848 formava o ministério de Bonaparte, em 2 de dezembro de 1851 formava a maioria da Assembleia Nacional Legislativa.

A Constituinte decidira em agosto que só se dissolveria após ter elaborado e promulgado toda uma série de leis orgânicas destinadas a complementar a Constituição. Em 6 de janeiro de 1849, o partido da ordem lhe sugeriu, por meio do representante Rateau[80], que deixasse as leis orgânicas de lado e decidisse, antes, sua *própria dissolução*. Não só o ministério, o senhor Odilon Barrot à frente, mas todos os membros realistas da Assembleia Nacional

---

79. Em abril de 1849, tropas francesas foram enviadas à Itália para combater a República Romana e restaurar o poder temporal do papa; elas foram derrotadas em 30 de abril pelas tropas de Garibaldi.

80. Jean-Pierre Lamotte Rateau (1800-1887): advogado, deputado da Assembleia Nacional Constituinte e Legislativa durante a Segunda República; bonapartista.

lhe berravam nesse instante que sua dissolução era necessária para o restabelecimento do crédito, para a consolidação da ordem, para dar um fim a essa indefinida situação provisória e fundar um estado definitivo, que ela atrapalhava a produtividade do novo governo e que buscava prolongar sua existência apenas por rancor, que o país estava cansado dela. Bonaparte tomou nota de todas essas invectivas contra o poder legislativo, aprendeu-as de cor e provou aos realistas parlamentares, em 2 de dezembro de 1851, que tinha aprendido com eles. Ele repetiu contra eles suas próprias máximas.

O ministério Barrot e o partido da ordem foram mais longe. Eles incitaram *petições à Assembleia Nacional* por toda a França, nas quais se solicitava a esta da maneira mais amável que desaparecesse. Assim, levaram as massas inorgânicas do povo para o meio do fogo contra a Assembleia Nacional, a expressão constitucionalmente organizada desse povo. Eles ensinaram Bonaparte a apelar ao povo a partir das assembleias parlamentares. Por fim, em 29 de janeiro de 1849, chegara o dia em que a Constituinte deveria decidir acerca de sua própria dissolução. A Assembleia Nacional encontrou o prédio de sessões ocupado por militares; Changarnier[81], o general do

---

81. Nicolas-Anne-Théodule Changarnier (1793-1877): general e estadista, monarquista, deputado da Assembleia Nacional Constituinte e Legislativa de 1848 a 1849; após junho de 1848, comandante em chefe da guarda nacional e da guarnição de Paris; tomou parte na dispersão da manifestação de 13 de junho de 1849 em Paris.

partido da ordem, em cujas mãos estava unificado o comando supremo da guarda nacional e do exército permanente, fez uma grande revista de tropas em Paris como se estivesse na eminência de uma batalha, e os realistas coligados declararam ameaçadoramente à Constituinte que haveria emprego da força se ela não fosse dócil.[82] Ela foi dócil e apenas regateou para si um prazo de vida bastante curto. O que foi o 29 de janeiro senão o *coup d'État* de 2 de dezembro de 1851, só que executado pelos realistas com Bonaparte contra a Assembleia Nacional republicana? Esses senhores não perceberam ou não quiseram perceber que Bonaparte aproveitou o 29 de janeiro de 1849 para fazer uma parte das tropas desfilar diante dele em frente às Tulherias e que agarrou com avidez precisamente essa primeira convocação pública do poder militar contra o poder parlamentar a fim de aludir a Calígula.[83] Eles, contudo, viam apenas seu Changarnier.

Um motivo que levou de maneira especial o partido da ordem a abreviar violentamente o tempo de vida da Constituinte foram as leis *orgânicas* que complementariam a Constituição, tal como a lei

---

82. Alusão a um verso da balada "Erlkönig" [Rei dos elfos], de Goethe, em que o personagem-título ameaça uma criança que está sendo levada pelo pai, a cavalo, durante a noite: "E se não fores dócil, usarei da força". Quando o pai chega a seu destino, o filho está morto em seus braços.

83. Logo após assumir o poder, Gaio César Calígula (12-41), imperador romano a partir de 37, assistiu com o Senado a um desfile da guarda pretoriana e a ela dirigiu um discurso.

do ensino, a lei do culto etc. Aos realistas coligados importava sobretudo fazer essas leis por conta própria, e não deixar que os republicanos, que tinham se tornado desconfiados, as fizessem. Entre essas leis orgânicas encontrava-se, entretanto, também uma lei sobre a responsabilidade do Presidente da República. Em 1851, a Assembleia Legislativa estava justamente ocupada com a redação de uma tal lei quando Bonaparte se antecipou a esse golpe através do golpe de 2 de dezembro. O que os realistas coligados não teriam dado em sua campanha parlamentarista de inverno de 1851 para encontrar pronta a lei de responsabilidade e, mais precisamente, redigida por uma Assembleia republicana, desconfiada e hostil!

Depois que, em 29 de janeiro de 1849, a Constituinte destruíra ela mesma sua última arma, o ministério Barrot e os amigos da ordem a acossaram até a morte, não deixaram de fazer nada que pudesse humilhá-la e conseguiram arrancar à sua fraqueza, quando ela desesperava de si própria, leis que lhe custaram o último resquício de respeito junto ao público. Bonaparte, ocupado com sua ideia fixa napoleônica[84], foi atrevido o bastante para explorar publicamente essa degradação do poder parlamentar. Pois quando a Assembleia Nacional, em 8 de maio de 1849, infligiu ao ministério um voto de repúdio devido à ocupação de Civitavec-

---

84. Alusão irônica ao livro *Des Idées napoléoniennes* [As ideias napoleônicas], de Luís Bonaparte, de 1839.

chia[85] por Oudinot[86] e ordenou à expedição romana que retornasse à sua suposta meta, Bonaparte publicou naquela mesma noite, no *Moniteur*[87], uma carta a Oudinot na qual o parabenizava pelos seus feitos heroicos e, em oposição aos parlamentares escrevinhantes, já assumia ares de generoso protetor do exército. Os realistas sorriram diante disso. Eles simplesmente o tomavam por seu *dupe* [joguete]. Por fim, quando Marrast, o presidente da Constituinte, acreditou por um instante que a segurança da Assembleia Nacional estava ameaçada e, apoiado na Constituição, requisitou um coronel com seu regimento, o coronel se negou, referiu-se à disciplina e mandou Marrast ir ter com Changarnier, que o repeliu sarcasticamente com a observação de que não gostava das *baïonettes intelligentes*. Em novembro de 1851, quando queriam começar a luta decisiva com Bonaparte, os realistas coligados buscaram

---

85. Porto e fortaleza nas proximidades de Roma. Em abril de 1849, o governo francês obteve da Assembleia Constituinte os recursos necessários para organizar uma expedição que supostamente apoiaria o Piemonte na luta contra a Áustria e defenderia a República Romana. A verdadeira meta da expedição era intervir contra a República Romana e restaurar o poder temporal do papa.

86. Nicolas-Charles-Victor Oudinot (1791-1863): general, orleanista, comandante das tropas enviadas em 1849 contra a República Romana; deputado da Assembleia Nacional Constituinte e Legislativa; tentou organizar a resistência contra o golpe de 2 de dezembro.

87. *Le Moniteur universel*, diário francês publicado em Paris de 1789 a 1901. Entre 1799-1814 e 1816-1868, órgão oficial do governo.

impor, com seu famigerado *projeto dos questores*[88], o princípio da requisição direta das tropas pelo presidente da Assembleia Nacional. Um de seus generais, Le Flô[89], assinou o projeto de lei. Em vão Changarnier votou a favor do projeto e Thiers[90] homenageou a sabedoria circunspecta da antiga Constituinte. O *ministro da Guerra, Saint-Arnaud*[91], respondeu-lhe como Changarnier respondera a Marrast – e sob as aclamações da Montanha!

Foi assim que o próprio *partido da ordem*, quando ainda não era Assembleia Nacional, quando ainda

---

88. Na Roma antiga, os questores eram magistrados encarregados das finanças e dos arquivos do Senado. No presente contexto, designa os membros da comissão da Assembleia Nacional responsável pela economia e pelas finanças, bem como pela proteção e pela segurança da Assembleia. Os questores realistas Le Flô, Baze e Panat apresentaram uma proposta segundo a qual o direito de dispor das tropas seria expressamente atribuído à Assembleia. A proposta foi rejeitada, no que a Montanha (ver nota 11) apoiou os bonapartistas por julgar que os realistas eram o perigo maior.

89. Adolphe-Emmanuel-Charles Le Flô (1804-1887): general, político e diplomata; representante do partido da ordem, deputado da Assembleia Nacional Constituinte e Legislativa durante a Segunda República; ministro da Guerra em 1870-1871.

90. Louis-Adolphe Thiers (1797-1877): historiador e estadista, orleanista; primeiro-ministro (1836, 1840); durante a Segunda República, deputado da Assembleia Nacional Constituinte e Legislativa; presidente da Terceira República (1871-1873), algoz da Comuna de Paris.

91. Armand-Jacques-Achille Leroy de Saint-Arnaud (1801-1854): general, marechal a partir de 1852, bonapartista, um dos organizadores do golpe de 2 de dezembro de 1851; ministro da Guerra (1851-1854); em 1854, comandante em chefe do exército francês na Crimeia.

era apenas ministério, estigmatizou o *regime parlamentarista*. E esse partido solta um grito quando o 2 de dezembro de 1851 bane tal regime da França!

Nós lhe desejamos boa viagem.

III.

A Assembleia Nacional Legislativa se reuniu em 29 de maio de 1849.[92] Em 2 de dezembro de 1851, foi dissolvida. Esse período abrange o tempo de vida da *república constitucional ou parlamentar*.

Na primeira Revolução Francesa, segue-se ao domínio dos *constitucionais* o domínio dos *girondinos*, e ao domínio dos *girondinos*, o domínio dos *jacobinos*. Cada um desses partidos apoia-se no mais avançado. Tão logo tenha levado a revolução longe o bastante a ponto de não mais poder acompanhá-la e muito menos ir à frente dela, ele é posto de lado pelo aliado mais audacioso que se encontra atrás dele e mandado para a guilhotina. A revolução se move, assim, em linha ascendente.

É o inverso na Revolução de 1848. O partido proletário aparece como um apêndice do partido democrata pequeno-burguês. Ele é traído e abandonado por este em 16 de abril, em 15 de maio e nos dias de junho. O partido democrata, por sua vez, apoia-se nos ombros do partido republicano-burguês. Logo que acreditam estar firmes, os republicano-burgueses se desembaraçam do camarada incômodo e se

---
92. Na verdade, 28 de maio.

apoiam nos ombros do partido da ordem. O partido da ordem encolhe seus ombros, deixa os republicano-burgueses caírem e se lança sobre os ombros do poder armado. Ele ainda acredita estar sentado nos ombros deste quando percebe numa bela manhã que os ombros se transformaram em baionetas. Cada partido, de costas, dá coices naquele que avança e se apoia de frente naquele que retrocede. Nessa postura ridícula, não admira que perca o equilíbrio e, depois de ter feito as inevitáveis caretas, vá ao chão em meio a curiosas cabriolas. A revolução se move, assim, em linha descendente. Ela se encontra nesse movimento retrógrado antes que a última barricada de fevereiro seja removida e que a primeira autoridade revolucionária esteja constituída.

O período que temos diante de nós abarca a mais variada mescla de gritantes contradições: constitucionais que conspiram abertamente contra a Constituição, revolucionários que são declaradamente constitucionais, uma Assembleia Nacional que pretende ser onipotente e sempre se mantém parlamentar; uma Montanha que encontra seu ofício no sofrimento e que pela profecia de vitórias futuras rechaça suas derrotas presentes; realistas que formam os *patres conscripti* [pais conscritos, senadores (da Roma antiga)] da república e que são forçados pela situação a apoiar, no exterior, as casas reais inimigas às quais estão ligados, e a república, que odeiam, na França; um poder executivo que encontra forças mesmo em sua fraqueza e sua respeitabilidade no desprezo que inspira; uma república que não é outra coisa senão a infâmia combinada de duas monarquias, a Restauração e a Monarquia de Julho, com uma etiqueta imperialista – alianças cuja primeira cláusula é o rompimento, lutas cuja primeira lei é a indecisão; em nome do sossego, agitação desenfreada e sem conteúdo; em nome da revolução, a mais solene pregação do sossego; paixões sem verdade, verdades sem paixão, heróis sem feitos heroicos, história sem acontecimentos; um desenvolvimento cuja única força impulsora parece ser o calendário e que é cansativo pela contínua repetição das mesmas tensões e distensões; oposições que apenas parecem impelir-se periodicamente ao extremo para se embotar e desmoronar, sem conseguir se resolver; esforços pretensiosamente ostentados e pavores burgueses frente ao risco do fim do mundo, e, por parte dos salvadores do mundo, ao mesmo tempo, a encenação das mais mesquinhas intrigas e comédias da corte, que, em seu *laisser aller* [deixar estar], lembram menos o juízo final do que os tempos da Fronda[93] – o gênio oficial coletivo da França arruinado pela estupidez astuta de um único indivíduo; a vontade geral da nação, sempre que fala através do sufrágio universal, buscando sua expressão correspondente através dos inimigos caducos dos interesses das massas até que por fim a encontra na vontade própria de um flibusteiro. Se há alguma fase da história pintada

---

93. Levante de uma parte da alta nobreza francesa contra o cardeal Mazarino e a rainha regente Ana da Áustria, durante a menoridade de Luís XIV, que desencadeou uma guerra civil (1648-1653).

em cores escuras, então é essa. Homens e acontecimentos parecem Schlemihls[94] ao avesso, sombras que perderam o corpo. A Revolução mesma paralisa os próprios portadores, e dota apenas seus adversários de violência passional. Quando o "espectro vermelho"[95], constantemente evocado e esconjurado pelos contrarrevolucionários, finalmente aparece, não aparece com um anárquico barrete frígio[96] na cabeça, mas com o uniforme da ordem, com *culotes vermelhos*.

Vimos que o ministério que Bonaparte instalou em 20 de dezembro de 1848, no dia de sua ascensão aos céus[97], foi um ministério do partido da ordem, da coalizão legitimista e orleanista. Esse ministério Barrot-Falloux[98] sobrevivera à Constituinte republicana,

---

94. Referência a Peter Schlemihl, personagem do escritor alemão Adelbert von Chamisso (1781-1838) que, na novela *Peter Schlemihls wundersame Geschichte* [A estranha história de Peter Schlemihl], vende sua sombra ao mal e por isso é excluído da sociedade.

95. Referência ao panfleto de Auguste Romier (1800-1855) intitulado *Le Spectre rouge de 1852* [O espectro vermelho de 1852] (Paris: Ledoyen, 1851), parte de uma campanha dos círculos bonapartistas e da imprensa contrarrevolucionária para intimidar os eleitores com a perspectiva de complôs revolucionários durante as eleições presidenciais programadas para maio de 1852.

96. Barrete vermelho com a forma de um capacete, usado na França durante a Primeira República, e similar àquele usado pelos frígios.

97. Dia em que Luís Bonaparte passa a morar no Élysée-National, a residência presidencial.

98. Odilon Barrot: ver nota 78; Frédéric-Alfred-Pierre, conde de Falloux (1811-1886): político e escritor, legitimista e clericalista. Por sua iniciativa foram extintos em 1848 os (cont.)

cujo tempo de vida abreviou mais ou menos violentamente, e ainda se encontrava ao leme. Changarnier, o general dos realistas aliados, continuava a reunir em sua pessoa o comando geral da primeira divisão militar e da guarda nacional parisiense. Por fim, as eleições gerais tinham assegurado ao partido da ordem a grande maioria na Assembleia Nacional. Aqui os deputados e pares de Luís Filipe encontraram uma legião sagrada[99] de legitimistas para os quais inúmeras cédulas eleitorais da nação tinham se transformado em ingressos para o palco político. Os representantes bonapartistas do povo eram muito esparsos para que pudessem formar um partido parlamentar independente. Apareciam apenas como *mauvaise queue* [resto maligno][100] do partido da ordem. Assim, o partido da ordem estava de posse do poder governamental, do exército e do corpo legislativo, em suma, do poder total do Estado, moralmente fortalecido pelas eleições gerais, que faziam seu domínio parecer a vontade do povo, e pela vitória simultânea da contrarrevolução por todo o continente europeu.

(cont.) *Ateliers nationaux* ("oficinas nacionais", criadas para auxiliar os desempregados), o que levou à Insurreição de Junho. Durante a Segunda República, deputado da Assembleia Nacional Constituinte e Legislativa; ministro da Educação em 1848-1849.

99. Em Cartago, a legião sagrada, contingente formado por filhos de famílias importantes, era a guarda de honra do general em chefe.

100. Expressão cunhada por Guizot (ver nota 18), que definiu o partido republicano como "resto maligno" da Revolução Francesa.

Jamais um partido abriu sua campanha com maiores recursos e sob auspícios mais favoráveis.

Os *republicanos puros* naufragados viram-se reduzidos na Assembleia Nacional Legislativa a um grupelho de aproximadamente cinquenta homens, à frente deles os generais africanos Cavaignac, Lamoricière e Bedeau.[101] Porém, o grande partido de oposição foi formado pela *Montanha*. Esse nome de batismo parlamentar fora dado a si mesmo pelo partido *social-democrata*. Ele dispunha de mais de duzentos dos 750 votos da Assembleia Nacional, e era, por isso, pelo menos tão poderoso quanto qualquer uma das três facções do partido da ordem tomadas isoladamente. Sua relativa minoria em comparação com o conjunto da coalizão realista parecia compensada por circunstâncias particulares. Não só as eleições departamentais mostraram que ele tinha conquistado uma adesão significativa entre a população rural. Ele contava com quase todos os deputados de Paris em seu quadro, o exército fizera uma confissão democrática de fé ao eleger três suboficiais, e o chefe da Montanha, Ledru-Rollin, à diferença de todos os representantes do partido da ordem, fora elevado à nobreza parlamentar por cinco departamentos, que concentraram nele seus votos. Assim, em 29 de maio de 1849, considerando as inevitáveis colisões dos realistas entre si e de todo o partido da ordem com Bonaparte, a Montanha parecia ter diante de si todos os elementos do sucesso.

---

101. Ver nota 39.

Catorze dias depois tinha perdido tudo, até mesmo a honra.[102]

Antes de continuarmos acompanhando a história parlamentar são necessárias algumas observações a fim de evitar enganos comuns sobre todo o caráter da época que temos diante de nós. Segundo a maneira democrata de ver, o que está em questão durante o período da Assembleia Nacional Legislativa é o que estava em questão no período da Constituinte, a simples luta entre republicanos e realistas. Os democratas resumem o movimento propriamente dito, porém, numa única palavra-chave: "*reação*", noite na qual todos os gatos são pardos e que lhes permite desfiar seus lugares-comuns de vigilante noturno. E, contudo, ao primeiro olhar o partido da ordem mostra um emaranhado de diferentes facções realistas, que não só fazem intrigas umas contra as outras com o propósito de elevar ao trono seu próprio pretendente e excluir o pretendente do partido adversário, mas também se reúnem todas no ódio comum e nos ataques comuns contra a "república". Em contraste com essa conspiração realista, a Montanha, por sua vez, aparece como representante da "república". O partido da ordem parece constantemente ocupado com uma "reação" que, não mais nem menos do que na Prússia, se dirige contra a imprensa, a liberdade de associação etc., e que, como na Prússia, ocorre mediante brutais intromissões policiais da burocracia, da gendarmaria e dos tribunais. A "Montanha",

---

102. Paródia de um dito atribuído a Francisco I (1494-1547), rei da França de 1515 a 1547: "Tudo está perdido, exceto a honra".

por sua vez, também está incessantemente ocupada em rechaçar esses ataques e assim defender os "eternos direitos humanos", como fez mais ou menos todo partido chamado popular há um século e meio. Entretanto, frente a uma observação mais acurada da situação e dos partidos, desaparece essa aparência superficial que vela a *luta de classes* e a fisionomia peculiar desse período.

Como foi dito, legitimistas e orleanistas formavam as duas grandes facções do partido da ordem. O que ligava essas facções a seus pretendentes e as afastava mutuamente não era outra coisa do que o lírio e a tricolor, a casa Bourbon e a casa Orléans, distintas gradações do realismo, era realmente a confissão de fé do realismo? Sob os Bourbon, governara a *grande propriedade fundiária* com seus padrecos e lacaios; sob os Orléans, a alta finança, a grande indústria, o grande comércio, quer dizer, *o capital* com seu séquito de advogados, professores e bajuladores. A realeza legítima era meramente a expressão política do domínio ancestral dos senhores de terras, tal como a Monarquia de Julho era apenas a expressão política do usurpado domínio dos novos-ricos burgueses. Assim, o que afastava essas facções não eram os chamados princípios, eram suas condições materiais de existência, dois tipos diferentes de propriedade, era a velha oposição entre a cidade e o campo, a rivalidade entre o capital e a propriedade fundiária. Quem negará que, ao mesmo tempo, antigas lembranças, inimizades pessoais, temores e esperanças, preconceitos e ilusões, simpatias e antipatias, convicções, artigos de fé e princípios as ligassem a uma ou a outra das casas reais? Sobre as diferentes formas de propriedade, sobre as condições sociais de existência, ergue-se toda uma superestrutura de sentimentos, ilusões, modos de pensar e concepções de vida distintos e peculiarmente moldados. A classe inteira os cria e molda a partir de suas bases materiais e a partir das relações sociais correspondentes. O indivíduo isolado, ao qual afluem por via da tradição e da educação, pode imaginar que eles constituem as verdadeiras razões determinantes e o ponto de partida de seu agir. Se orleanistas e legitimistas, se cada facção buscava convencer a si mesma e aos outros que a lealdade a suas duas casas reais as separava, mais tarde os fatos provaram que era antes o interesse distinto delas que vedava a união das duas casas reais. E, tal como na vida privada, distinguimos entre aquilo que uma pessoa pensa e diz de si mesma e aquilo que ela realmente é e faz, tanto mais precisamos distinguir nas lutas históricas entre as frases feitas e as ilusões dos partidos, por um lado, e seu organismo efetivo e seus interesses efetivos por outro, entre sua representação e sua realidade. Orleanistas e legitimistas encontravam-se lado a lado na república com as mesmas pretensões. Se cada lado queria impor contra o outro a *restauração* de sua *própria* casa real, isso não significava outra coisa senão que os *dois grandes interesses* em que a *burguesia* se divide – propriedade fundiária e capital – buscavam, cada qual, restaurar sua própria supremacia e a subordinação do outro. Falamos de dois interesses da burguesia, pois a grande propriedade fundiária, apesar de sua coqueteria feudal e de seu orgulho de raça, fora completamente aburguesada pelo desenvolvimento da sociedade moderna. Assim, na Inglaterra, os *tories*[103] imaginaram por longo tempo que se entusiasmavam pela realeza, pela Igreja e pelas belezas da antiga Constituição inglesa, até que o dia do perigo lhes arrancou a confissão de que apenas se entusiasmam pela *renda fundiária*.

Os realistas coligados teciam suas intrigas uns contra os outros na imprensa, em Ems[104], em Claremont[105], fora do parlamento. Nos bastidores, voltavam a vestir suas antigas librés orleanistas e legitimistas, e encenavam outra vez seus antigos torneios. Mas no palco público, em suas ações principais e de Estado[106], na condição de grande partido parlamentar, despacham suas respectivas casas reais com meras reverências e adiam a restauração da monarquia *ad infinitum*. Eles praticam seu verdadeiro negócio como *partido da ordem*, quer dizer, sob um

---

103. Partido conservador.

104. Em Ems, cidade e balneário alemães, ficava uma das residências de Henri Charles Ferdinand d'Artois (1820-1883), conde de Chambord, pretendente legitimista à coroa sob o nome de Henrique V.

105. Em Claremont, próximo a Londres, morava Luís Filipe, que fugira para a Inglaterra após a Revolução de Fevereiro.

106. "Ações principais e de Estado" traduz *Haupt- und Staatsaktionen*, termo que designava peças do teatro ambulante alemão dos séculos XVII e XVIII encenadas em duas partes, em que a "ação principal" costumava ser seguida por uma peça cômica, sendo também uma "ação de Estado" por tratar de temas políticos. Em sentido figurado, coisa insignificante à qual se dá muita importância.

título *social* e não sob um título *político*, como representantes da ordem burguesa do mundo e não como cavaleiros de princesas andantes, como classe burguesa frente a outras classes e não como realistas frente a republicanos. E, como partido da ordem, exerceram sobre as outras classes da sociedade um domínio mais irrestrito e mais duro do que jamais antes sob a Restauração ou sob a Monarquia de Julho, como afinal só era possível sob a forma da república parlamentar, pois apenas sob essa forma as duas grandes divisões da burguesia francesa podiam unir-se, ou seja, colocar na ordem do dia o domínio de sua classe em vez do regime de uma facção privilegiada desta. Se, apesar disso, como partido da ordem, também insultam a república e expressam sua ojeriza a ela, tal não aconteceu apenas devido a uma lembrança realista. O instinto lhes ensinou que a república, é verdade, consumara seu domínio político, mas, ao mesmo tempo, solapara sua base social, pois agora eles se encontram diante das classes subjugadas e têm de lutar com elas, sem mediação, sem o esconderijo da coroa, sem poder desviar o interesse nacional por meio de suas lutas secundárias entre si e com a realeza. Foi um sentimento de fraqueza que os fez recuar frente às condições puras de seu próprio domínio de classe e suspirar pelas formas mais incompletas, menos desenvolvidas e, justamente por isso, mais inofensivas deste. Em compensação, sempre que os realistas coligados entram em conflito com o pretendente que os confronta, com Bonaparte, sempre que acreditam que sua onipotência parlamentar é ameaçada pelo poder executivo, sempre que, portanto, têm de ostentar o título político de seu domínio, eles se mostram como *republicanos* e não como *realistas*, desde o orleanista Thiers[107], que adverte a Assembleia Nacional de que a república é o que menos os divide, até o legitimista Berryer[108], que, em 2 de dezembro de 1851, envolto pela faixa tricolor, arenga na condição de tribuno, em nome da república, ao povo reunido em frente à subprefeitura do 10º *arrondissement*. Contudo, o eco lhe responde gritando zombeteiramente: "Henrique V! Henrique V!".

Em oposição à burguesia coligada, formou-se uma coalizão entre pequeno-burgueses e trabalhadores, o chamado partido *social-democrata*. Depois dos dias de junho de 1848, os pequeno-burgueses se viram mal recompensados, com seus interesses materiais ameaçados e as garantias democráticas que lhes deveriam assegurar a vigência desses interesses sendo questionadas pela contrarrevolução. Por isso, aproximaram-se dos trabalhadores. Sua representação parlamentar, por outro lado, a *Montanha*, colocada de lado durante a ditadura dos republicanos burgueses, reconquistara na última metade da vida da Constituinte, mediante a luta com Bonaparte e

---

107. Ver nota 90. Marx se refere a um discurso pronunciado por Thiers em 17 de janeiro de 1851 diante da Assembleia Nacional.

108. Pierre-Antoine Berryer (1790-1868): advogado e político, deputado da Assembleia Nacional Constituinte e Legislativa durante a Segunda República, legitimista. Diante do paradoxo de ouvir um legitimista defendendo a república, a multidão ridiculariza sua hipocrisia ao gritar o nome do pretendente ao trono.

com os ministros realistas, sua popularidade perdida. Ela selara uma aliança com os líderes socialistas. Em fevereiro de 1849, celebraram-se banquetes de reconciliação. Um programa comum foi esboçado, comitês eleitorais comuns foram fundados e candidatos comuns foram propostos. O aguilhão revolucionário das reivindicações sociais do proletariado foi quebrado, e elas receberam uma guinada democrática, as pretensões democráticas da pequena burguesia foram despidas da forma meramente política e seu aguilhão socialista colocado em evidência. Assim surgiu a *social-democracia*. A nova *Montanha*, o resultado dessa combinação, continha, descontados alguns figurantes da classe trabalhadora e alguns sectários socialistas, os mesmos elementos da antiga Montanha, apenas numericamente mais fortes. Mas, no curso do desenvolvimento, ela tinha se transformado com a classe que representava. O caráter peculiar da social-democracia se resume no fato de instituições republicano-democratas serem reivindicadas como expediente, não para abolir dois extremos, capital e trabalho assalariado, e sim para debilitar sua oposição e transformá-la em harmonia. Por mais distintas que possam ser as medidas propostas para alcançar esse fim, por mais que ele seja enfeitado com ideias mais ou menos revolucionárias, o conteúdo permanece o mesmo. Esse conteúdo é a transformação da sociedade por via democrática, mas uma transformação dentro dos limites da pequena burguesia. Só não devemos formar a ideia tacanha de que a pequena burguesia queira, por princípio, impor um interesse egoísta de classe. Ela acredita, isso sim, que as condições *particulares* de sua libertação são as condições *gerais* no âmbito das quais, unicamente, a sociedade moderna pode ser salva e a luta de classes, evitada. Tampouco devemos imaginar que os representantes democráticos sejam agora todos *shopkeepers* [merceeiros, lojistas] ou se entusiasmem por estes. Quanto à sua formação e à sua situação individual, meio mundo pode separá--los dos últimos. O que os faz representantes do pequeno-burguês é o fato de, em suas cabeças, não ultrapassarem as barreiras que este não ultrapassa em sua vida, o fato de, por conseguinte, serem impulsionados teoricamente para as mesmas tarefas e soluções às quais ele é impulsionado de modo prático pelo interesse material e pela situação social. Essa é, em geral, a relação dos *representantes políticos* e *literários* de uma classe com a classe que representam.

Após a presente exposição, torna-se óbvio que, se a Montanha luta constantemente com o partido da ordem em prol da república e dos chamados direitos humanos, nem a república nem os direitos humanos são sua meta última, assim como um exército ao qual alguém queira privar de suas armas e que se defende tampouco entrou no campo de batalha para permanecer na posse de suas próprias armas.

Logo que a Assembleia Nacional se reuniu, o partido da ordem provocou a Montanha. A burguesia sentia agora a necessidade de acabar com os pequeno--burgueses democratas, tal como compreendera um ano antes a necessidade de dar um fim ao proletariado revolucionário. Só que a situação do oponente era distinta. A força do partido proletário estava na rua; a dos pequeno-burgueses, na Assembleia Nacional propriamente dita. Tratava-se, portanto, de atraí-los da Assembleia Nacional para as ruas e deixar que eles próprios destruíssem seu poder parlamentar antes que o tempo e a ocasião pudessem consolidá-lo. A Montanha galopou à rédea solta para a armadilha.

O bombardeio de Roma pelas tropas francesas foi a isca que lhe jogaram. Ele violava o artigo V da Constituição, que proíbe à república francesa empregar suas forças armadas contra as liberdades de um outro povo. Além disso, o artigo IV[109] também proibia qualquer declaração de guerra por parte do poder executivo sem a concordância da Assembleia Nacional, e a Constituinte, através de sua resolução de 8 de maio, desaprovara a expedição romana. Com base nessas razões, Ledru-Rollin depositou, em 11 de junho de 1849, uma ação acusatória contra Bonaparte e seus ministros. Espicaçado pelas ferroadas de vespa de Thiers, ele se deixou levar até mesmo a fazer a ameaça de que pretendia defender a Constituição por todos os meios, inclusive com armas na mão. A Montanha se ergueu como um só homem e repetiu esse chamado às armas. Em 12 de junho, a Assembleia Nacional rejeitou a ação acusatória, e a Montanha deixou o parlamento. Os eventos de 13 de junho são conhecidos:

---

109. Marx se refere mais provavelmente ao artigo 54, que prescreve ao poder executivo: "Ele vela pela defesa do Estado, mas não pode empreender guerra alguma sem o consentimento da Assembleia Nacional".

a proclamação de uma parte da Montanha segundo a qual Bonaparte e seus ministros foram declarados "fora da Constituição"; a procissão das guardas nacionais democratas, que, desarmadas como estavam, se dispersam ao topar com as tropas de Changarnier etc. Uma parte da Montanha se refugiou no exterior, outra parte foi enviada à alta corte, em Bourges, e uma regulamentação parlamentar submeteu o resto à supervisão de mestre-escola do presidente da Assembleia Nacional. Paris foi colocada outra vez sob estado de sítio, e a parte democrata de sua guarda nacional foi dissolvida. Dessa forma, foram quebradas a influência da Montanha no parlamento e a força dos pequeno-burgueses em Paris.

Lyon, onde o 13 de junho dera o sinal para um sangrento levante de trabalhadores, foi igualmente declarada, com os cinco departamentos circunvizinhos, sob estado de sítio, um estado que perdura até este momento.

O grosso da Montanha deixara sua vanguarda em apuros ao recusar-se a assinar sua proclamação. A imprensa desertara, pois apenas dois jornais[110] ousaram publicar o pronunciamento.[111] Os pequeno-burgueses traíram seus representantes, pois as guardas nacionais não se apresentaram, ou, onde apareceram, impediram a formação de barricadas. Os representantes tinham ludibriado os pequeno-burgueses, pois os supostos afiliados do exército não

---

110. *La Réforme* e *La Démocratie pacifique*.

111. Em alemão, *Pronunziamento* (do espanhol *pronunciamiento*). Designa aqui o chamado à rebelião contra o governo.

podiam ser vistos em parte alguma. Por fim, em vez de obter do proletariado um suplemento de forças, o partido democrata o contagiara com sua própria fraqueza, e, como é usual com os altos feitos democráticos, os líderes tiveram a satisfação de poder acusar seu "povo" de deserção, e o povo, a satisfação de poder acusar seus líderes de trapaça.

Raras vezes uma ação foi anunciada com maior estardalhaço do que a campanha iminente da Montanha; raras vezes um acontecimento foi trombeteado com mais segurança e maior antecedência do que a inevitável vitória da democracia. Não resta dúvida: os democratas acreditam nas trombetas cujo toque derrubou as muralhas de Jericó.[112] E sempre que se encontram diante dos baluartes do despotismo, procuram imitar o prodígio. Se a Montanha queria vencer no parlamento, não devia chamar às armas. Se chamou às armas no parlamento, não podia se portar de modo parlamentar nas ruas. Se a manifestação pacífica tinha intenção séria, foi tolice não prever que seria recebida belicosamente. Se o propósito era a luta efetiva, foi algo original depor as armas com que ela deveria ser travada. Mas as ameaças revolucionárias dos pequeno-burgueses e de seus representantes democratas são meras tentativas de intimidar o adversário. E quando se meteram num beco sem saída, quando se comprometeram o bastante a ponto de serem forçados a cumprir suas ameaças, isso

---

112. Alusão ao episódio do Antigo Testamento em que os israelitas cercam a cidade de Jericó e, com trombetas e gritos, derrubam os muros que a cercam; ver Josué 6: 1-21.

ocorre de uma maneira ambígua, que nada evita mais do que os meios para atingir o fim e que anseia por pretextos para sucumbir. A abertura retumbante que anunciou a luta se perde num rosnado miudinho tão logo ela está para começar, os atores param de se levar *au sérieux* e a ação desmorona pelo solo, como um balão cheio de ar que alguém fura com uma agulha.

Partido algum exagera mais seus meios do que o democrata, partido algum se engana mais levianamente sobre a situação. Quando uma parte do exército votou na Montanha, esta também já se convenceu de que ele se revoltaria por ela. E com que ensejo? Com um ensejo que, do ponto de vista das tropas, não tinha qualquer outro sentido senão que os revolucionários tinham tomado partido em favor dos soldados romanos contra os soldados franceses. Por outro lado, as lembranças do junho de 1848 ainda estavam muito frescas para que não existissem uma profunda aversão do proletariado contra a guarda nacional e uma terminante desconfiança dos chefes de sociedades secretas contra os chefes democratas. Para compensar essas diferenças, precisava-se que grandes interesses comuns estivessem em jogo. A violação de um parágrafo abstrato da Constituição não podia fornecer esse interesse. A Constituição já não fora violada repetidas vezes, conforme asseguravam os próprios democratas? Os jornais mais populares não a tinham estigmatizado como uma fajutice contrarrevolucionária? Mas o democrata, por representar a pequena burguesia, ou seja, uma *classe de transição* em que os interesses de duas classes se embotam ao mesmo tempo, acredita estar acima do antagonismo de classes em geral. Os democratas admitem o fato de se defrontarem com uma classe privilegiada, mas eles, junto com todo o entorno restante da nação, formam o *povo*. O que eles representam é o *direito do povo*; o que os interessa é o *interesse do povo*. Logo, no caso de uma luta iminente, eles não precisam averiguar os interesses e as posições das diferentes classes. Não precisam ponderar com demasiado escrúpulo seus próprios meios. Eles apenas precisam dar o sinal para que o *povo* invista com todos os seus inesgotáveis recursos contra os *opressores*. Mas se, na execução, seus interesses se revelam desinteressantes e seu poder se revela impotência, isso se deve ou a sofistas perniciosos que cindem o *povo indivisível* em diferentes campos inimigos, ou o exército estava embrutecido demais e cegado demais para compreender que os fins puros da democracia eram o melhor que ele tinha, ou o todo fracassou devido a um detalhe na execução, ou então um acaso imprevisto arruinou a partida desta vez. De qualquer forma, o democrata sai da mais vergonhosa derrota de maneira tão imaculada como foi inocente seu modo de nela entrar, com a convicção readquirida de que tem de vencer, não de que ele próprio e seu partido têm de abrir mão do antigo ponto de vista, e sim, inversamente, que as circunstâncias têm de amadurecer para ele.

Por isso, não se deve imaginar que a Montanha, dizimada, alquebrada e humilhada pela nova regulamentação parlamentar, estivesse assim tão infeliz. Se o 13 de junho tinha eliminado seus chefes, ele dá lugar, por outro lado, a sumidades mais subalternas que ficam lisonjeadas com essa nova posição. Se a falta de poder destes indivíduos no parlamento não podia mais ser posta em dúvida, eles também estavam justificados em limitar sua ação a irrupções de indignação moral e declamação vociferante. Se o partido da ordem fingia ver encarnados neles, como os últimos representantes oficiais da Revolução, todos os pavores da anarquia, então eles podiam ser tão mais rasteiros e mais modestos na realidade. Porém, quanto ao 13 de junho, eles se consolaram com este dito profundo: "Mas se ousarem atacar o sufrágio universal, então...! Então mostraremos quem somos". *Nous verrons* [veremos].

Em relação aos membros da Montanha que fugiram para o exterior, basta observar aqui que Ledru-Rollin, por ter conseguido, mal se haviam passado duas semanas, arruinar irremediavelmente o poderoso partido que liderava, viu-se chamado a formar um governo francês *in partibus* [no exterior][113]; que sua figura, à distância, elevada do solo da ação, parecia aumentar de tamanho à proporção que declinava o nível da Revolução e as eminências oficiais da França oficial se tornavam mais nanicas; que ele pôde figurar como pretendente republicano para 1852, que enviou circulares periódicas aos valáquios e a outros povos nas quais os déspotas do continente eram

---

113. Ver também nota 35.

ameaçados com os feitos dele e de seus aliados. Será que Proudhon estava inteiramente errado ao gritar para esses senhores: "*Vous n'êtes que des blagueurs*" [não passais de piadistas]?

Em 13 de junho, o partido da ordem não só quebrara a Montanha, mas impusera a *subordinação da Constituição às decisões da maioria da Assembleia Nacional*. E ele compreendeu a república do seguinte modo: que nela a burguesia domina sob formas parlamentares, sem, como na monarquia, ter um limite no veto do poder executivo ou na possibilidade de dissolver o parlamento. Essa era a *república parlamentar*, conforme Thiers a chamou. Porém, se em 13 de junho a burguesia assegurava sua onipotência dentro do prédio do parlamento, ela não afetava o próprio parlamento com uma fraqueza incurável, diante do poder executivo e do povo, ao excluir a parte mais popular dele? Ao abandonar inúmeros deputados sem maiores cerimônias à requisição dos tribunais, ela anulava sua própria imunidade parlamentar. A regulamentação humilhante à qual ela submeteu a Montanha eleva o Presidente da República na mesma medida em que rebaixa os representantes individuais do povo. Ao estigmatizar, como ação anárquica que visava à subversão da sociedade, a insurreição em defesa da lei fundamental constitucional, ela proibia a si mesma o apelo à insurreição tão logo o poder executivo violasse a Constituição em relação a ela. E quer a ironia da história que o general que bombardeou Roma por ordem de Bonaparte, e assim deu o ensejo imediato para o motim constitucional de 13 de junho, que o general Oudinot tivesse de ser oferecido em 2 de dezembro de 1851 ao povo pelo partido da ordem, suplicante e inutilmente, como o general da Constituição contra Bonaparte. Outro herói do 13 de junho, Vieyra[114], que, da tribuna da Assembleia Nacional, colhe louvores pelas brutalidades por ele cometidas em sedes de jornais democratas à frente de um pelotão da guarda nacional pertencente à alta finança, esse mesmo Vieyra fora iniciado na conspiração de Bonaparte e contribuiu de maneira essencial para cortar à Assembleia Nacional, na hora de sua morte, qualquer proteção por parte da guarda nacional.

O 13 de junho ainda teve um outro sentido. A Montanha quis forçar a acusação contra Bonaparte. A derrota dela foi portanto uma vitória direta de Bonaparte, seu triunfo pessoal sobre seus inimigos democratas. O partido da ordem lutara pela vitória, Bonaparte apenas precisava embolsá-la. Ele o fez. Em 14 de junho, lia-se nos muros de Paris uma proclamação em que o presidente, por assim dizer sem sua intervenção, relutantemente, coagido pela mera força dos eventos, sai de sua reclusão monástica, queixa-se, no papel de virtude incompreendida, das calúnias de seus adversários e, enquanto parece identificar sua pessoa com a causa da ordem, antes identifica a causa da ordem com sua pessoa. Além disso, é verdade que a Assembleia Nacional aprovara

---

114. Henri Vieyra-Molina, ex-chefe de batalhão, feito coronel do estado-maior da guarda nacional de Paris em 28 de novembro de 1851.

a posteriori a expedição contra Roma, mas fora Bonaparte quem havia tomado a iniciativa para tanto. Após reintroduzir o sumo sacerdote Samuel no Vaticano, ele podia esperar residir nas Tulherias como rei Davi.[115] Ele conquistara os padrecos.

O motim de 13 de junho se limitou, como vimos, a uma procissão pacífica. Ou seja, não havia glórias guerreiras a serem conquistadas contra ele. Não obstante, nessa época pobre de heróis e de acontecimentos, o partido da ordem transformou essa batalha sem derramamento de sangue numa segunda Austerlitz.[116] A tribuna e a imprensa exaltaram o exército como o poder da ordem frente às massas populares na condição de impotência da anarquia, e Changarnier como o "baluarte da sociedade". Uma mistificação na qual ele próprio acabou por acreditar. Mas, por baixo dos panos, os corpos de exército que pareciam ambíguos foram transferidos de Paris, os regimentos cujos votos resultaram mais favoráveis aos democratas foram banidos da França para Argel, as cabeças inquietas dentre as tropas foram enviadas para batalhões disciplinares e, por fim, executou-se sistematicamente o isolamento da imprensa em relação à caserna e da caserna em relação à sociedade civil.

---

115. Alusão aos planos de Luís Bonaparte, que contava receber a coroa francesa das mãos do papa Pio IX. Segundo a tradição bíblica, Davi foi ungido rei pelo profeta Samuel. Ver 1 Samuel 16, 13.

116. Em Austerlitz, na Morávia (parte da atual República Tcheca), os exércitos aliados russo e austríaco sofreram, em 2 de dezembro de 1805, uma derrota aniquiladora infligida por Napoleão.

Chegamos aqui ao decisivo ponto de virada na história da guarda nacional francesa. Em 1830, ela decidira a queda da Restauração. Sob Luís Filipe, malograra qualquer motim em que a guarda nacional se encontrasse do lado das tropas. Quando, nos dias de fevereiro de 1848, ela se mostrou passiva em relação ao levante e ambígua em relação a Luís Filipe, este se julgou perdido, e estava. Assim, lançou raízes a convicção de que a Revolução não poderia vencer *sem* a guarda nacional e que o exército não poderia vencer *contra* ela. Essa era a superstição do exército quanto à onipotência burguesa. Consolidaram a superstição os dias de junho de 1848, quando toda a guarda nacional junto com o exército permanente reprimiu a insurreição. Depois que Bonaparte assumiu o governo, a posição da guarda nacional decaiu em certa medida, devido à unificação anticonstitucional de seu comando com o comando da primeira divisão militar na pessoa de Changarnier.

Tal como o comando da guarda nacional parecia um atributo do comandante militar em chefe, assim ela própria parecia apenas um apêndice do exército permanente. Em 13 de junho ela foi finalmente destruída: não apenas por sua dissolução parcial, que desde essa época se repetiu periodicamente em todos os pontos da França e deixou apenas destroços. A manifestação de 13 de junho foi sobretudo uma manifestação da guarda nacional democrata. É verdade que ela não tinha levantado suas armas contra o exército, mas por certo vestia seus uniformes, e justamente nesse uniforme residia o talismã. O exército se convenceu de que esse uniforme era um trapo de lã como outro qualquer. O encanto se perdeu. Nos dias de junho de 1848, a burguesia e a pequena burguesia, sob a forma de guarda nacional, estavam unidas com o exército contra o proletariado; em 13 de junho de 1849, a burguesia ordenou ao exército que dispersasse a guarda nacional pequeno-burguesa; em 2 de dezembro de 1851, a guarda nacional da própria burguesia desaparecera, e Bonaparte só constatou esse fato ao assinar *a posteriori* seu decreto de dissolução. Assim, a própria burguesia destruíra sua última arma contra o exército, mas ela precisava destruí-la a partir do momento em que a pequena burguesia não estava mais atrás dela como um vassalo, e sim diante dela como rebelde, tal como em geral precisou destruir por sua própria mão todos os seus meios de defesa contra o absolutismo tão logo ela própria se tornara absoluta.

Entrementes, o partido da ordem festejava a reconquista de um poder que em 1848 apenas parecera perdido para ser reencontrado em 1849 livre de suas amarras, festejava-a com invectivas contra a república e a Constituição, com maldições contra todas as revoluções futuras, presentes e passadas, incluindo as feitas por seus próprios líderes, e com leis pelas quais a imprensa era amordaçada, a liberdade de associação aniquilada e o estado de sítio regulamentado como instituição orgânica. A Assembleia Nacional esteve então em recesso, de meados de agosto a meados de outubro, após nomear uma comissão permanente para o período de sua ausência.

Durante essas férias, os legitimistas faziam intrigas com Ems, os orleanistas com Claremont, Bonaparte por meio de périplos principescos, e os conselhos departamentais em reuniões tratando da revisão da Constituição – incidentes que se repetem regularmente nas férias periódicas da Assembleia Nacional e que só pretendo examinar tão logo se transformem em acontecimentos. Observe-se aqui apenas que a Assembleia Nacional agiu de maneira apolítica ao sumir do palco por intervalos mais longos e deixar visível à frente da república apenas uma figura, ainda que lastimável, a de Luís Bonaparte, enquanto o partido da ordem, para escândalo do público, se fragmentava em seus componentes realistas e perseguia suas conflitantes ânsias de restauração. Durante essas férias, sempre que o ruído desconcertante do *parlamento* emudecia e seu corpo se dissolvia na nação, mostrava-se inconfundivelmente que só faltava mais uma coisa para completar a verdadeira forma dessa república: tornar *suas* férias permanentes e substituir *seu* lema: *Liberté, égalité, fraternité* por estas palavras inequívocas: infantaria, cavalaria, artilharia!

IV.

Em meados de outubro de 1849, a Assembleia Nacional voltou a se reunir. Em 1º de novembro, Bonaparte a surpreendeu com uma mensagem em que anunciava a destituição do ministério Barrot-Falloux e a formação de um novo ministério. Ninguém jamais expulsou lacaios do serviço com menos cerimônias quanto Bonaparte o fez com seus ministros. Os pontapés destinados à Assembleia Nacional foram por ora recebidos por Barrot & Cia.

O ministério Barrot, como vimos, fora composto por legitimistas e orleanistas, um ministério do partido da ordem. Bonaparte precisara dele para dissolver a Constituinte republicana, realizar a expedição contra Roma e arruinar o partido democrata. Ele aparentemente se eclipsara por trás desse ministério, passara o poder governamental às mãos do partido da ordem e pusera a modesta máscara de caráter que, sob Luís Filipe, ostentava o gerente responsável da imprensa jornalística, a máscara do *homme de paille* [testa de ferro]. Agora ele jogava fora uma máscara que não era mais o leve véu sob o qual podia esconder sua fisionomia, mas a máscara de ferro que o impedia de mostrar uma fisionomia própria. Ele instituíra o ministério Barrot para desagregar a Assembleia Nacional republicana em nome do partido da ordem; ele destituiu esse ministério para declarar seu próprio nome como independente da Assembleia Nacional do partido da ordem.

Não faltavam pretextos plausíveis para essa destituição. O ministério Barrot negligenciara inclusive as boas maneiras que teriam feito o Presidente da República aparecer como um poder ao lado da Assembleia Nacional. Durante as férias da Assembleia Nacional, Bonaparte publicou uma carta a Edgar Ney[117] em que parecia reprovar a atitude iliberal do papa, tal como, em oposição à Constituinte, publicara uma carta em que elogiava Oudinot pelo ataque à República Romana. Quando, então, a Assembleia Nacional votou o orçamento para a expedição romana, Victor Hugo[118], por suposto liberalismo, trouxe à baila essa carta. O partido da ordem sufocou a ideia, como se as ideias de Bonaparte pudessem ter algum peso político, sob exclamações desdenhosamente incrédulas. Nenhum dos ministros levantou a luva[119] por ele. Noutra ocasião, Barrot, com seu conhecido páthos oco, verteu da tribuna palavras de indignação sobre as "maqui-

---

117. Napoléon-Henri-Edgard Ney (1812-1882): general, bonapartista, ajudante do presidente Luís Bonaparte.

118. Em seu discurso à Assembleia intitulado "*L'Expédition de Rome*", pronunciado em 19 de outubro de 1849.

119. Levantar a luva: aceitar o desafio. A expressão remete às convenções duelísticas medievais: para desafiar alguém, o cavaleiro jogava a manopla em sua direção; se este a levantasse do chão, indicava ter aceitado o desafio.

nações abomináveis" que, segundo sua declaração, ocorriam no entorno imediato do presidente. Por fim, o ministério negou, ao mesmo tempo em que obteve da Assembleia Nacional um ordenado de viúva para a duquesa de Orléans, qualquer pedido de aumento da lista civil[120] presidencial. E, em Bonaparte, o pretendente imperial se fundia tão intimamente com o aventureiro arruinado que a grande ideia de que fora chamado a restaurar o império sempre era complementada pela ideia de que o povo francês fora chamado a pagar as dívidas dele.

O ministério Barrot-Falloux foi o primeiro e último *ministério parlamentar* que Bonaparte chamou à vida. A destituição dele constitui assim um ponto de virada decisivo. Com ele, o partido da ordem perdeu, para nunca mais reconquistá-lo, um posto imprescindível para a afirmação do regime parlamentar, o manejo do poder executivo. Logo se compreende que num país como a França, em que o poder executivo dispõe de um exército de funcionários públicos com mais de meio milhão de indivíduos, ou seja, mantém uma imensa massa de interesses e existências na dependência mais absoluta, em que o Estado enreda, controla, repreende, vigia e tutela a sociedade civil desde suas mais abrangentes manifestações vitais até suas mais insignificantes emoções, de seus modos de existir mais gerais até a existência privada dos indivíduos, em que esse

---

120. Verba alocada pela nação ao chefe de Estado ou à família real.

corpo de parasitas, graças à mais extraordinária centralização, ganha uma onipresença, uma onisciência, uma acelerada mobilidade e uma elasticidade que só encontram um análogo na desamparada ausência de autonomia, na confusa informidade do efetivo corpo social – logo se compreende que, num país assim, a Assembleia Nacional perca, ao perder a capacidade de dispor dos postos ministeriais, qualquer influência efetiva se, ao mesmo tempo, não simplificar a administração estatal, não diminuir ao máximo o exército de funcionários públicos, enfim, se não deixar a sociedade civil e a opinião pública criarem seus próprios órgãos, independentes do poder governamental. Porém, o *interesse material* da burguesia francesa está justamente entretecido da maneira mais íntima com a manutenção dessa ampla e multirramificada máquina estatal. Aí ela acomoda sua população excedente e complementa sob a forma de ordenados estatais o que ela não pode embolsar sob a forma de lucros, juros, pensões e honorários. Por outro lado, seu *interesse político* a forçou a aumentar cotidianamente a repressão, ou seja, os meios e o pessoal do poder estatal, enquanto ao mesmo tempo teve de travar uma guerra ininterrupta contra a opinião pública e mutilar, paralisar desconfiadamente os órgãos independentes de movimento da sociedade no caso de não conseguir amputá-los por inteiro. Assim, a burguesia francesa foi obrigada por sua posição de classe, por um lado, a aniquilar as condições de vida de qualquer poder parlamentar, ou seja, também as condições do seu próprio, e, por outro lado, a tornar imbatível o poder executivo que a ela era hostil.

O novo ministério chamou-se ministério d'Hautpoul.[121] Não que o general d'Hautpoul tivesse alcançado a categoria de um primeiro-ministro. Com a destituição de Barrot, Bonaparte aboliu simultaneamente essa dignidade, que, no entanto, condenava o Presidente da República à nulidade legal de um rei constitucional, mas um rei constitucional sem trono e sem coroa, sem cetro e sem espada, sem irresponsabilidade, sem a posse imprescritível da mais alta dignidade de Estado, e, o que era o mais funesto, sem lista civil. O ministério d'Hautpoul tinha apenas um homem de fama parlamentar, o judeu Fould[122], um dos mais famigerados membros da alta finança. Coube-lhe o Ministério das Finanças. Basta consultar as cotações da bolsa de Paris e se verá que a partir de 1º de novembro de 1849 os fundos franceses sobem e caem com a queda e a subida das ações bonapartistas. Se Bonaparte tinha, assim, encontrado seu afiliado na bolsa, apoderou-se ao mesmo tempo da polícia mediante a nomeação de Carlier[123] para o cargo de chefe de polícia de Paris.

---

121. Alphonse-Henri, marquês d'Hautpoul (1789-1865): general, legitimista, depois bonapartista; deputado da Assembleia Nacional Legislativa (1849-1851), ministro da Guerra (1849-1850).

122. Achille Fould (1800-1867): banqueiro e político, orleanista, posteriormente bonapartista; deputado da Assembleia Nacional Constituinte em 1848-1849; ministro das Finanças (1849-1860 e 1861-1867).

123. Pierre-Charles-Joseph Carlier (1799-1858): chefe de polícia de Paris (1849-1851), bonapartista.

Entretanto, as consequências da troca de ministros puderam se manifestar apenas no curso do desenvolvimento. De início, Bonaparte apenas dera um passo à frente para ser impelido mais visivelmente para trás. À sua mensagem ríspida, seguiu-se a mais servil declaração de submissão à Assembleia Nacional. Sempre que os ministros ousavam a tímida tentativa de propor os caprichos pessoais de Bonaparte como projetos de lei, eles próprios pareciam cumprir seus bizarros encargos apenas a contragosto e forçados por sua posição, encargos de cujo malogro estavam de antemão convencidos. Sempre que Bonaparte tagarelava sobre suas intenções pelas costas dos ministros e brincava com suas "*idées napoléoniennes*"[124], seus próprios ministros o desautorizavam do alto da tribuna da Assembleia Nacional. Suas ânsias de usurpação apenas pareciam vir a público para que não emudecesse a risada de seus adversários, cheia de alegria pela desgraça alheia. Ele se portava qual um gênio incompreendido que o mundo inteiro toma por um simplório. Jamais gozou em mais plena medida o desprezo de todas as classes do que durante esse período. Jamais a burguesia dominou de forma mais incondicional, jamais ostentou as insígnias do domínio de forma mais fanfarronesca.

Não me compete aqui escrever a história de sua atividade legislativa, que durante esse período se resume a duas leis: na lei que restabelece o *imposto*

---

124. Ver nota 84.

do vinho[125], e na *lei da educação*[126], que abole a descrença. Se dificultaram aos franceses beber vinho, serviram-lhes com abundância tanto maior a água da verdadeira vida.[127] Se na lei sobre o imposto do vinho a burguesia declara intocável o velho e odioso sistema tributário francês, mediante a lei da educação ela buscou assegurar o velho estado de ânimo das massas que lhes permitia suportá-lo. Fica-se assombrado ao ver os orleanistas, os burgueses liberais, esses velhos apóstolos do voltairianismo e da filosofia eclética[128], confiarem a administração do espírito francês a seus inimigos habituais, os jesuítas. Porém, ainda que pudessem divergir em relação ao pretendente à coroa, orleanistas e legitimistas compreenderam que seu domínio conjunto exigia unificar os meios de repressão de duas épocas, que os meios de

---

125. Conforme resolução da Assembleia Nacional Constituinte datada de 1848, o imposto do vinho seria abolido a partir de 1º de janeiro de 1850; dez dias antes, em 20 de dezembro de 1849, a Assembleia Nacional Legislativa restabeleceu esse imposto.

126. Promulgada em 15 de março de 1850, essa lei impunha a educação religiosa no ensino primário e dava grande liberdade aos estabelecimentos privados no caso do ensino secundário, o que proporcionava à Igreja católica um grande poder sobre o sistema escolar.

127. Alusão irônica a Apocalipse 22: 17: "Aquele que tem sede, venha, e quem quiser receba de graça a água da vida".

128. A filosofia eclética se propõe a recolher as verdades esparsas onde se encontrarem, sem pretensões sistemáticas. No século XIX, a expressão designa a escola de Victor Cousin (1792-1867) e de Theodore Jouffroy (1796-1842), que, a partir de 1830, se torna a filosofia dominante na universidade, em conflito com o clero católico, que a acusa de panteísmo.

subjugação da Monarquia de Julho tinham de ser complementados e reforçados pelos meios de subjugação da Restauração.

Os camponeses, frustrados em todas as suas esperanças, oprimidos mais do que nunca pelo baixo nível dos preços dos cereais, por um lado, e pela crescente carga de impostos e dívidas hipotecárias por outro, começaram a se agitar nos departamentos. Respondeu-se a eles com uma caçada aos mestres-escolas, que foram submetidos aos clérigos, por uma caçada aos presidentes das câmaras municipais, que foram submetidos aos prefeitos, e por um sistema de espionagem, ao qual todos foram submetidos. Em Paris e nas grandes cidades, a própria reação ostenta a fisionomia de sua época e mais provoca do que reprime. No campo, ela se torna rasa, vulgar, mesquinha, cansativa, maçante, numa palavra, gendarme. Compreende-se como três anos de regime do gendarme, abençoado pelo regime do padreco, acabaram por desmoralizar as massas imaturas.

Por maior que fosse o montante de paixão e de declamação que o partido da ordem pudesse empregar do alto da tribuna da Assembleia Nacional contra a minoria, sua fala permaneceu monossilábica como a do cristão, cujas palavras devem ser: "Sim, sim, não, não!".[129] Tão monossilábica do alto da tribuna como na imprensa. Insípida como um enigma cuja solução é previamente conhecida. Quer se tratasse do direito de petição ou do imposto do vinho, da liber-

---

129. Mateus 5: 37: "Seja, porém, a tua palavra: Sim, sim; não, não. O que disso passar, vem do maligno".

dade de imprensa ou do livre-comércio, dos clubes ou da Constituição municipal, da proteção à liberdade pessoal ou da regulamentação do orçamento do Estado, a palavra de ordem retorna repetidamente, o tema permanece sempre o mesmo, o veredito está sempre pronto e reza invariavelmente: "*Socialismo!*". Mesmo o liberalismo burguês é declarado *socialista*; socialista, o Iluminismo burguês; socialista, a reforma burguesa das finanças. Era socialista construir uma ferrovia onde já existia um canal, e era socialista defender-se com o porrete quando atacado com a espada.

Isso não era apenas forma de falar, moda, tática partidária. A burguesia tinha o correto discernimento de que todas as armas que forjara contra o feudalismo voltavam suas pontas contra ela própria, de que todos os meios de formação que gerara rebelavam-se contra sua própria civilização, de que todos os deuses que criara a tinham abandonado. Ela compreendera que todas as chamadas liberdades civis e todos os órgãos progressistas atacavam e ameaçavam seu *domínio de classe* ao mesmo tempo na base social e no cume político, ou seja, tinham se tornado "*socialistas*". Nessa ameaça e nesse ataque, ela encontrou com razão o segredo do socialismo, cujo sentido e cuja tendência julgou mais acertadamente do que o chamado socialismo sabe julgar a si mesmo e que, por isso, não consegue compreender como a burguesia se fecha obstinadamente contra ele, por mais que choramingue de maneira sentimental sobre os padecimentos da humanidade, ou anuncie de modo cristão o reino de mil anos e o amor fraterno universal, ou tagarele de forma humanista sobre espírito, cultura e liberdade, ou arquitete doutrinariamente um sistema de mediação e de bem-estar para todas as classes. Porém, o que ela não compreendeu foi a consequência de seu *próprio regime parlamentar*, de seu *domínio político* em geral, também ter de sucumbir agora como *socialista* ao veredito condenatório universal. Enquanto o domínio da classe burguesa não se organizara completamente, não adquirira expressão política pura, a oposição das outras classes tampouco pôde surgir de maneira pura, e, onde surgiu, não pôde adotar a virada perigosa que transforma toda luta contra o poder do Estado numa luta contra o capital. Se em cada manifestação de vida da sociedade ela via ameaçado o "sossego", como é que poderia afirmar no topo da sociedade o *regime do desassossego*, o seu próprio regime, o *regime parlamentar*, esse regime que, segundo a expressão de um de seus oradores, vive na luta e pela luta? O regime parlamentar vive da discussão; como pode proibir a discussão? Cada interesse, cada instituição social é transformado aí em pensamento geral, tratado como pensamento; como é que um interesse, uma instituição pode se afirmar acima do pensamento e se fazer valer como artigo de fé? A luta dos oradores na tribuna provoca a luta das alavancas do prelo[130], o clube de debates no parlamento se complementa necessariamente pelos clubes de debate nos salões e nas tavernas, os representantes que apelam constan-

---

130. Termo ambíguo: *Pressbengel* também admitiria a tradução por "moleques da imprensa".

temente à opinião do povo autorizam a opinião do povo a dizer sua real opinião em petições. O regime parlamentar deixa tudo à decisão das maiorias; como é que as grandes maiorias não vão querer decidir além do parlamento? Se lhes tocam o violino no topo do Estado, que outra coisa esperar senão que as lá de baixo dancem?

Assim, se a burguesia agora difama como "*socialista*" o que antes celebrara como "*liberal*", confessa que seu próprio interesse exige livrá-la do perigo do *autogoverno*; que, para restabelecer o sossego no país, ela precisa sobretudo sossegar seu parlamento burguês, e que, para conservar incólume seu poder social, seu poder político precisa ser quebrado; que os burgueses privados só podem continuar a explorar as outras classes e gozar sem perturbações da propriedade, da família, da religião e da ordem sob a condição de que sua classe, ao lado das outras classes, seja condenada à mesma nulidade política; que, para salvar sua bolsa, a coroa lhe seja derrubada, e a espada, destinada a protegê-la, seja ao mesmo tempo pendurada sobre sua própria cabeça como espada de Dâmocles.[131]

No âmbito dos interesses civis gerais, a Assembleia Nacional se mostrou tão improdutiva que as deliberações sobre a ferrovia Paris-Avignon, por

---

131. Cortesão de Dionísio, tirano de Siracusa (Sicília, século IV a.C.). Este o instruiu sobre a inconstância da felicidade ao fazê-lo tomar parte de um banquete enquanto uma espada afiada pendia oscilante sobre sua cabeça; daí ser a espada de Dâmocles a imagem do perigo constante.

exemplo, que tinham começado no inverno de 1850, ainda não estavam maduras para a conclusão em 2 de dezembro de 1851. Quando ela não reprimia e não reagia, era afetada por uma infecundidade incurável.

Enquanto o ministério bonapartista tomava parcialmente a iniciativa de criar leis no espírito do partido da ordem, e parcialmente ainda exacerbava a dureza deste na sua execução e aplicação, Bonaparte buscava, por outro lado, conquistar popularidade por meio de propostas infantilmente tolas, evidenciar sua oposição à Assembleia Nacional e aludir a uma reserva secreta que apenas pelas circunstâncias era provisoriamente impedida de revelar ao povo francês seus tesouros ocultos. Foi o caso da proposta de decretar um complemento diário de quatro *sous*[132] para os suboficiais. Foi o caso da proposta de um banco honorário de empréstimos para os trabalhadores. Receber dinheiro de presente e receber dinheiro emprestado, eis a perspectiva com que ele esperava atrair as massas. Presentear e emprestar, a isso se limita a ciência financeira do lumpemproletariado, do nobre e do vulgar. A isso se limitavam as molas que Bonaparte sabia pôr em movimento. Jamais um pretendente especulara de maneira mais trivial com a trivialidade das massas.

A Assembleia Nacional enfureceu-se repetidamente com essas inequívocas tentativas de adquirir popularidade às suas custas, com o risco crescente

---

132. *Sou*: moeda francesa equivalente a cinco cêntimos de franco.

de que esse aventureiro, impelido adiante pelo chicote das dívidas e que não era detido por qualquer reputação adquirida, ousasse um lance desesperado. A desavença entre o partido da ordem e o presidente assumira um caráter ameaçador, quando um acontecimento inesperado lançou este último, cheio de remorsos, de volta aos braços do primeiro. Referimo-nos às *eleições complementares de 10 de março de 1850*. Essas eleições aconteceram para preencher novamente os cargos de representantes que ficaram vagos depois de 13 de junho devido à prisão ou ao exílio. Paris elegeu apenas candidatos social-democratas. Inclusive concentrou a maioria dos votos num insurgente de junho de 1848, em Deflotte.[133] Foi assim que a pequena burguesia parisiense, aliada ao proletariado, vingou-se pela derrota em 13 de junho de 1849. Ela somente parecia ter sumido do campo de batalha no momento do perigo para voltar a ele numa ocasião mais favorável com tropas mais numerosas e um grito de guerra mais ousado. Uma circunstância parecia aumentar o perigo dessa vitória eleitoral. O exército votou em Paris a favor do insurgente de junho e contra Lahitte[134], um ministro

---

133. Ou Paul-Louis-François-René de Flotte (1817-1860): oficial da marinha, democrata e socialista, partidário de Blanqui, participante ativo dos eventos de 15 de maio e no levante de junho de 1848 em Paris. Deputado da Assembleia Nacional Legislativa em 1850-1851.

134. Jean-Ernest Ducos, visconde de La Hitte (1789-1878): general, bonapartista; deputado da Assembleia Nacional Legislativa, ministro de Assuntos Exteriores e ministro da Guerra em 1849-1851.

de Bonaparte, e, nos departamentos, em grande parte a favor dos membros da Montanha, que também aí, é verdade que não tão decisivamente quanto em Paris, afirmaram o predomínio sobre seus adversários.

Bonaparte viu-se de súbito outra vez diante da revolução. Como em 29 de janeiro de 1849, como em 13 de junho de 1849, em 10 de março de 1850 ele desapareceu por trás do partido da ordem. Ele se curvou, pediu perdão de maneira pusilânime, dispôs-se a nomear todo e qualquer ministério segundo as ordens da maioria parlamentar, chegando a implorar aos líderes partidários orleanistas e legitimistas, aos Thiers[135], aos Berryer[136], aos Broglie[137], aos Molé[138], em suma, aos chamados burgraves[139], para que tomassem pessoalmente o leme do Estado. O partido da ordem não soube aproveitar esse momento que

---

135. Ver nota 90.

136. Ver nota 108.

137. Achille-Charles-Léonce-Victor, duque de Broglie (1785-1870): primeiro-ministro em 1835-1836, deputado da Assembleia Nacional Legislativa em 1849-1850, orleanista.

138. Louis-Mathieu Molé (1781-1855): conde, orleanista, primeiro-ministro de 1836 a 1839; durante a Segunda República, deputado da Assembleia Nacional Constituinte e Legislativa.

139. No Sacro Império Germânico, durante a Idade Média, título do comandante militar de uma cidade ou praça-forte. Eram chamados zombeteiramente de burgraves, devido a suas pretensões de poder e tendências reacionárias, os dezessete membros orleanistas e legitimistas de uma comissão da Assembleia Legislativa que, por determinação do ministro do Interior, fora constituída a partir de 1º de maio de 1850 para redigir uma nova lei eleitoral. A alcunha foi tomada de um drama histórico de Victor Hugo, *Les Burgraves*, de 1843.

se foi para nunca mais voltar. Em vez de se apossar ousadamente do poder oferecido, ele sequer forçou Bonaparte a reempossar o ministério destituído em 1º de novembro; contentou-se com humilhá-lo por meio do perdão e com juntar o sr. Baroche[140] ao ministério d'Hautpoul. Na qualidade de Procurador da República, esse Baroche esbravejara diante da alta corte em Bourges, uma vez contra os revolucionários de 15 de maio[141], a outra contra os democratas de 13 de junho, ambas as vezes por atentado à Assembleia Nacional. Mais tarde, nenhum dos ministros de Bonaparte contribuiu tanto para degradar a Assembleia Nacional, e, depois do 2 de dezembro de 1851, nós o encontramos outra vez como bem nomeado e altamente remunerado vice-presidente do Senado. Ele cuspira na sopa dos revolucionários para que Bonaparte a sorvesse até a última gota.

O partido social-democrata, por sua vez, parecia apenas buscar pretextos para questionar novamente a própria vitória e quebrar seu aguilhão. Vidal[142], um dos representantes parisienses recém-eleitos, fora simultaneamente eleito em Estrasburgo. Levaram-no

---

140. Pierre-Jules Baroche (1802-1870): estadista e jurista; durante a Segunda República, deputado da Assembleia Nacional Constituinte e Legislativa, membro do partido da ordem, procurador geral da república do tribunal de apelação em 1849, fez parte de diversos gabinetes antes e depois do golpe de Estado de 1851; bonapartista.

141. Ver nota 45.

142. François Vidal (1814-1872): economista, socialista pequeno-burguês; deputado da Assembleia Nacional Legislativa em 1850-1851.

a rejeitar a eleição de Paris e aceitar a de Estrasburgo. Assim, em vez de dar à sua vitória no lugar da eleição um caráter definitivo e dessa maneira forçar o partido da ordem a contestá-la de imediato no parlamento, em vez de, dessa forma, impelir o adversário à luta no momento do entusiasmo popular e da disposição favorável do exército, o partido democrata fatigou Paris durante os meses de março e abril com uma nova agitação eleitoral, deixou as excitadas paixões populares se consumirem nesse novo jogo provisório de votos, a energia revolucionária saciar-se com êxitos constitucionais, malbaratar-se em pequenas intrigas, declamações ocas e pseudomovimentos, deixou a burguesia se concentrar e tomar suas providências, e, por fim, deixou a importância das eleições de março encontrar nas eleições posteriores, de abril, na eleição de Eugène Sue[143], um comentário sentimentalmente atenuador. Numa palavra, ele converteu o 10 de março numa piada de 1º de abril.

A maioria parlamentar compreendeu a fraqueza de seu oponente. Seus dezessete burgraves, pois Bonaparte lhes deixara a condução e a responsabilidade pelo ataque, elaboraram uma nova lei eleitoral, cuja proposição foi confiada ao sr. Faucher[144], que se

---

143. Eugène Sue (1804-1857): romancista; deputado da Assembleia Nacional Legislativa. Por seu retrato dos meios operários e dos bairros pobres, pode ser considerado o iniciador do realismo. Sua obra é também a expressão de um moralismo ingênuo e maniqueísta e de um certo conservadorismo social.

144. Léon Faucher (1803-1854): jornalista, economista e político, orleanista e, mais tarde, bonapartista; de 1848 a 1851, deputado da Assembleia Nacional Constituinte e Legislativa; (cont.)

ofereceu para essa honra. Em 8 de maio, ele propôs a lei pela qual o sufrágio universal era abolido, um domicílio de três anos no lugar da eleição era imposto como condição aos eleitores e, por fim, a comprovação desse domicílio para os trabalhadores era atrelada a um atestado de seus patrões.

Da mesma forma revolucionária como os democratas tinham agitado e vociferado durante a campanha eleitoral constitucional, assim eles pregavam agora de forma constitucional, quando importava provar com as armas na mão a seriedade daquela vitória eleitoral, a ordem, a calma majestosa (*calme majestueux*), a postura legal, quer dizer, a submissão cega à vontade da contrarrevolução, que se difundia como lei. Durante o debate, a Montanha envergonhou o partido da ordem ao fazer valer, contra a passionalidade revolucionária deste, a postura desapaixonada do pequeno-burguês que defende o fundamento jurídico e ao jogá-lo ao chão com a terrível recriminação de que ele estava procedendo revolucionariamente. Mesmo os deputados recém-eleitos se esforçaram mediante entradas em cena decentes e ponderadas para provar a incompreensão que era difamá-los como anarquistas e interpretar sua eleição como uma vitória da revolução. Em 31 de maio, a nova lei eleitoral foi aprovada. A Montanha se contentou com contrabandear um protesto para o bolso do presidente. À lei eleitoral seguiu-se uma nova

---

(cont.) ministro do Interior (dezembro de 1848 a maio de 1849 e 1851); inimigo do movimento trabalhista.

lei de imprensa[145], pela qual a imprensa jornalística revolucionária foi completamente eliminada. Ela merecera seu destino. *Le National* e *La Presse*, dois órgãos burgueses, restaram após esse dilúvio como os derradeiros postos avançados da Revolução.

Vimos como os líderes democratas fizeram de tudo durante março e abril para enredar o povo de Paris numa pseudoluta, tal como fizeram de tudo após 8 de maio para afastá-lo da luta verdadeira. Além disso, não podemos esquecer que o ano de 1850 foi um dos anos mais brilhantes em termos de prosperidade industrial e comercial, ou seja, que o proletariado parisiense estava plenamente empregado. Só que a lei eleitoral de 31 de maio de 1850 o excluiu de qualquer participação no poder político. Ela lhe cortou o próprio terreno da luta. Jogou os trabalhadores de volta à posição de párias que tinham ocupado antes da Revolução de Fevereiro. Frente a tal acontecimento, ao se deixarem guiar pelos democratas e esquecerem o interesse revolucionário de sua classe graças a um bem-estar momentâneo, eles renunciaram à honra de ser um poder conquistador, renderam-se a seu destino, provaram que a derrota de junho de 1848 os pusera fora de combate por anos e que o processo histórico teria de se desenrolar, por ora, outra vez *acima* de suas cabeças. Quanto à democracia pequeno-burguesa, que em

---

145. A "Lei sobre a caução dos jornais e o selo das publicações periódicas e não periódicas", aprovada em 16 de julho de 1850, aumentou a caução paga pelos donos de jornais e instaurou um novo imposto sobre as publicações.

13 de junho gritara "Mas se tocarem no sufrágio universal, então...!" – ela se consolou agora dizendo que o golpe contrarrevolucionário que a atingira não era um golpe e que a lei de 31 de maio não era uma lei. No segundo domingo de maio de 1852, cada francês aparecerá no lugar de votação, numa das mãos a cédula eleitoral, na outra a espada. Ela se contentou com essa profecia. O exército, por fim, tal como nas eleições de 29 de maio de 1849, também fora punido por seus superiores devido às eleições de março e de abril de 1850. Mas, desta vez, ele disse a si mesmo resolutamente: "A Revolução não nos enganará pela terceira vez".

A lei de 31 de maio de 1850 foi o *coup d'État* da burguesia. Até então, todas as suas conquistas contra a Revolução tinham um caráter apenas provisório. Foram questionadas tão logo a então Assembleia Nacional saiu do palco. Dependiam da casualidade de haver uma nova eleição geral, e a história das eleições desde 1848 provava irrefutavelmente que, na mesma medida em que o domínio factual da burguesia se desenvolvia, esta perdia seu domínio moral sobre as massas populares. Em 10 de março, o sufrágio universal se declarara diretamente contra o domínio da burguesia; a burguesia respondeu com o banimento do sufrágio universal. A lei de 31 de maio foi portanto uma das necessidades da luta de classes. Por outro lado, a Constituição exigia um mínimo de dois milhões de votos para que a eleição do Presidente da República fosse válida. Se nenhum dos candidatos à presidência obtivesse esse mínimo, a Assembleia

Nacional deveria escolher o presidente dentre os três candidatos mais votados. Na época em que a Constituinte fizera essa lei, havia dez milhões de eleitores inscritos nas listas de votação. De acordo com o espírito da lei, bastava portanto um quinto dos aptos a votar para tornar válida a eleição à presidência. A lei de 31 de maio riscou pelo menos 3 milhões de votos das listas de votação, reduziu para 7 milhões o número de aptos a votar e conservou, não obstante, o mínimo legal de 2 milhões para a eleição à presidência. Portanto, ela aumentou de um quinto para quase um terço o mínimo legal de votos idôneos, quer dizer, ela fez de tudo para contrabandear a eleição presidencial das mãos do povo para as mãos da Assembleia Nacional. Assim, graças à lei eleitoral de 31 de maio, o partido da ordem parecia ter consolidado duplamente seu domínio ao confiar a eleição da Assembleia Nacional e a do Presidente da República à parte estacionária da sociedade.

V.

A luta entre a Assembleia Nacional e Bonaparte voltou a irromper tão logo a crise revolucionária fora superada e o sufrágio universal, abolido.

A Constituição fixara o ordenado de Bonaparte em 600 mil francos. Mal se passara meio ano de sua instalação, ele conseguiu elevar essa soma ao dobro. É que Odilon Barrot arrancou da Assembleia Nacional Constituinte uma subvenção anual de 600 mil francos para os chamados gastos de representação. Depois de 13 de junho, Bonaparte deixou transpirar desejos parecidos, sem, dessa vez, ser ouvido por Barrot. Agora, depois do 31 de maio, ele aproveitou imediatamente o instante favorável e fez seus ministros proporem uma lista civil de 3 milhões na Assembleia Nacional. Uma longa vida aventureira de vagabundo o dotara das mais desenvolvidas antenas para tatear os momentos de fraqueza em que poderia extorquir dinheiro do seu burguês. Ele praticava verdadeira *chantage* [chantagem]. Com sua colaboração e sua conivência, a Assembleia Nacional violara a soberania popular. Ele ameaçou denunciar esse crime ao tribunal popular caso ela não puxasse a carteira e comprasse sua discrição por 3 milhões anuais. Ela despojara 3 milhões de franceses do direito a voto. Para cada francês tirado de circulação, ele pediu um franco circulante, exatamente 3 milhões de francos. Ele, o eleito por 6 milhões, exige indenização pelos votos que lhe teriam sido roubados *a posteriori*. A comissão da Assembleia Nacional rechaçou o impertinente. A imprensa bonapartista ameaçou. Podia a Assembleia Nacional romper com o Presidente da República num momento em que rompera fundamental e definitivamente com a massa da nação? É verdade que a Assembleia rejeitou a lista civil anual, mas aprovou uma subvenção única de 2.160.000 francos. Assim, tornou-se culpada pela dupla fraqueza de aprovar o dinheiro e, ao mesmo tempo, mostrar com sua irritação que só o aprovava a contragosto. Mais adiante, veremos para que Bonaparte precisava do dinheiro. Após esse incômodo epílogo, que veio nos calcanhares da abolição do sufrágio universal e no qual Bonaparte trocou sua postura humilde durante a crise de março e de abril por uma impudência desafiadora em relação ao parlamento usurpador, a Assembleia Nacional entrou em recesso por três meses, de 11 de agosto a 11 de novembro. Em seu lugar, deixou uma comissão permanente de dezoito membros, que não continha nenhum bonapartista, mas alguns republicanos moderados. A comissão permanente de 1849 contara apenas com homens da ordem e bonapartistas. Mas, daquela vez, o partido da ordem se declarara permanentemente contra a revolução. Dessa vez, a república parlamentar se declarava permanentemente contra o presidente. Após a lei de 31 de maio, o partido da ordem se defrontava apenas com esse rival.

Quando a Assembleia Nacional voltou a se reunir, em novembro de 1850, parecia que, em vez das mesquinhas escaramuças que tivera até então com o presidente, se tornara inevitável uma grande e implacável luta, uma luta de vida ou morte entre os dois poderes.

Como em 1849, o partido da ordem se desagregara durante as férias parlamentares daquele ano em suas facções particulares, cada uma delas ocupada com suas próprias intrigas de restauração, que, devido à morte de Luís Filipe[146], tinham recebido novo alimento. O rei legitimista, Henrique V, havia inclusive nomeado um ministério formal, que residia em Paris e no qual se achavam membros da comissão permanente. Bonaparte estava portanto justificado, por sua vez, em fazer périplos pelos departamentos franceses e, conforme a atmosfera da cidade que agraciava com sua presença, tagarelar ora mais dissimulada, ora mais abertamente sobre seus próprios planos de restauração e angariar votos para si. Nesses cortejos, que o grande monitor oficial[147] e os pequenos monitores privados de Bonaparte naturalmente tiveram de celebrar como cortejos triunfais, ele estivera sempre acompanhado por afiliados da *Sociedade de 10 de Dezembro*. Essa sociedade datava do ano de 1849.

---

146. Luís Filipe havia falecido em 26 de agosto de 1850 em seu refúgio inglês de Claremont.

147. *Le Moniteur universel*, órgão oficial do governo.

Sob o pretexto de fundar uma sociedade beneficente, o lumpemproletariado parisiense fora organizado em seções secretas, cada seção sendo chefiada por agentes bonapartistas, à cabeça do todo um general bonapartista.[148] Ao lado de *roués* [libertinos, inescrupulosos] arruinados, com meios de subsistência dúbios e origem dúbia, ao lado de rebentos decaídos e aventurosos da burguesia, vagabundos, soldados dispensados, presidiários libertos, condenados às galés evadidos, vigaristas, escamoteadores, *lazzaroni* [pedintes], batedores de carteira, prestidigitadores, jogadores, *maquereaux* [gigolôs], donos de bordéis, carregadores, literatos, tocadores de realejo, trapeiros, afiadores de tesouras, remendadores de panelas, mendigos, em suma, toda a massa indefinida, difusa, jogada para cá e para lá que os franceses chamam *la Bohème* [a boemia]; com esses elementos a ele aparentados Bonaparte formou o efetivo da Sociedade de 10 de Dezembro. "Sociedade beneficente" – na medida em que todos os membros, tal como Bonaparte, sentiam a necessidade de se beneficiar às custas da nação trabalhadora. Esse Bonaparte, que se constitui *chefe do lumpemproletariado*, que só aí encontra de forma maciça os interesses que persegue pessoalmente, que nesse refúgio, nessa escória, nesse resto de todas as classes reconhece a única classe em que pode se apoiar incondicionalmente, ele é o verdadeiro Bonaparte, o Bonaparte *sans phrase* [sem frases vazias, sem rodeios]. Velho e astucioso *roué*,

---

148. Trata-se do general Jean-Pierre Piat (1774-1862).

ele compreende a vida histórica dos povos e suas ações principais e de Estado[149] como comédia no sentido mais ordinário, como uma mascarada em que os grandes figurinos, palavras e poses servem apenas de máscara à mais mesquinha patifaria. É o caso de seu cortejo a Estrasburgo, onde um abutre suíço adestrado faz o papel de águia napoleônica.[150] Para sua invasão de Boulogne, ele mete alguns lacaios londrinos em uniforme francês.[151] Eles fazem o papel de exército. Em sua Sociedade de 10 de Dezembro, ele reúne 10 mil patifes cuja função é representar o povo tal como Klaus Zettel[152] representa o leão. Num momento em que a própria burguesia representava a mais completa comédia, porém da forma mais séria do mundo, sem ferir nenhuma das pedantescas condições da etiqueta dramática francesa, ela própria meio enganada, meio convencida da solenidade de suas próprias ações principais e de Estado, tinha de triunfar o aventureiro que tomou a comédia trivialmente como comédia. Somente quando elimina seu solene adversário, quando

---

149. Ver nota 106.

150. A águia era o símbolo de Napoleão Bonaparte; seu sobrinho, Luís Bonaparte, tinha nacionalidade suíça.

151. Estrasburgo e Boulogne foram os cenários de dois golpes de Estado fracassados de Luís Bonaparte: em 30 de outubro de 1836 e 6 de agosto de 1840, respectivamente.

152. Nome que recebeu na tradução alemã de August Wilhelm von Schlegel e Dorothea Tieck o personagem Nick Bottom, da comédia shakespeariana *Sonho de uma noite de verão*. Numa peça dentro da peça, o tecelão Bottom pretende rugir suavemente no papel de leão para não assustar ninguém.

ele próprio leva a sério seu papel imperial e, com a máscara napoleônica, julga representar o verdadeiro Napoleão, ele se torna vítima de sua própria visão de mundo, o palhaço sério que não toma mais a história mundial por uma comédia, e sim sua comédia por história mundial. O que as oficinas nacionais[153] foram para os trabalhadores socialistas, o que as *Gardes mobiles*[154] foram para os republicanos burgueses, tal foi a Sociedade de 10 de Dezembro para Bonaparte, sua peculiar força armada partidária. Em suas viagens, as divisões desta, acondicionadas nos trens, serviram para lhe improvisar uma audiência, encenar o entusiasmo público, uivar *vive l'Empereur*, insultar e espancar os republicanos, naturalmente sob a proteção da polícia. Em seus retornos a Paris, elas tinham de formar a vanguarda, prevenir manifestações contrárias ou dispersá-las. A Sociedade de 10 de Dezembro pertencia a Bonaparte, era *sua* obra, seu pensamento mais particular. As demais coisas de

---

153. Ou *Ateliers nationaux*, criados em 1848 logo após a Revolução de Fevereiro por um decreto do governo provisório com a finalidade de oferecer trabalho aos desempregados. Foram uma deturpação da ideia dos *Ateliers sociaux*, formulada por Louis Blanc (ver nota 10) na obra *Organisation du travail* (1839), em que este defendia organizações autônomas de trabalhadores. Os *Ateliers nationaux*, ao contrário, eram inteiramente financiados pelo Estado, e sua organização de feitio militar permitiria seu uso contra o proletariado revolucionário. No entanto, foram fechados menos de quatro meses após sua fundação por serem considerados dispendiosos e terem se tornado um foco de agitação socialista, fechamento esse que foi o estopim da Insurreição de Junho.

154. Ver nota 48.

que se apropria lhe são entregues pela força das circunstâncias, as demais coisas que faz, as circunstâncias fazem por ele, ou ele se contenta em copiar feitos alheios; mas ele, que se apresenta com o palavrório oficial da ordem, da religião, da família e da propriedade publicamente diante dos cidadãos, atrás dele a sociedade secreta dos Schufterles e dos Spiegelbergs[155], a sociedade da desordem, da prostituição e do roubo, esse é o próprio Bonaparte como autor original, e a história da Sociedade de 10 de Dezembro é a sua própria história. Porém, excepcionalmente, sucedeu que representantes do povo pertencentes ao partido da ordem fossem parar sob os porretes dos dezembristas. Mais ainda. O comissário de polícia Yon, alocado na Assembleia Nacional e incumbido de zelar por sua segurança, denunciou à comissão permanente, baseado no testemunho de um certo Alais, que uma seção dos dezembristas teria decidido o assassinato do general Changarnier e de Dupin[156], o presidente da Assembleia Nacional, e já definira os indivíduos para sua execução. Compreende-se o susto do sr. Dupin. Um inquérito parlamentar a respeito da Sociedade de 10 de Dezembro, quer dizer, a profanação do mundo secreto de Bonaparte, parecia

---

155. Os piores bandidos do grupo liderado por Karl Moor na peça *Os bandoleiros*, de Friedrich Schiller. Schufterle se vangloria de ter assassinado uma criança e é expulso pelo líder, que também ameaça Spiegelberg do mesmo destino.

156. André-Marie-Jean-Jacques Dupin (1783-1865): orleanista; presidente da Câmara dos Deputados (1832-1839) e presidente da Assembleia Nacional Legislativa (1849-1851); mais tarde, bonapartista.

inevitável. Por precaução, Bonaparte dissolveu sua Sociedade exatamente antes da reunião da Assembleia Nacional, naturalmente apenas no papel, pois ainda em fins de 1851 o chefe de polícia Carlier buscava em vão, num memorando detalhado, induzi-lo à efetiva dispersão dos dezembristas.

A Sociedade de 10 de Dezembro estava destinada a ser o exército privado de Bonaparte até que ele conseguisse transformar o exército público numa Sociedade de 10 de Dezembro. Bonaparte fez a primeira tentativa para tanto pouco depois da entrada em recesso da Assembleia Nacional, e, mais exatamente, com o dinheiro que acabara de arrancar dela. Como fatalista, ele vive na convicção de que há certos poderes superiores aos quais o homem, e o soldado em especial, não pode resistir. Entre esses poderes, ele conta em primeiro lugar o charuto e o champanhe, o frango frio e a salsicha ao alho. Por isso, regalou primeiramente oficiais e suboficiais nos aposentos do Élysée com charuto e champanhe, com frango frio e salsicha ao alho. Ele repete essa manobra em 3 de outubro com as massas da tropa na revista de Saint-Maur, e, em 10 de outubro, a mesma manobra, em escala ainda maior, na inspeção de tropas de Satory. O tio se recordou das campanhas de Alexandre na Ásia[157]; o sobrinho, das campanhas de

---

157. Napoleão pretendia continuar suas campanhas rumo ao leste e elaborou um plano para conquistar o Hindustão e expulsar os ingleses da Índia, imitando as expedições asiáticas de Alexandre, o Grande (356-323 a.C.).

conquista de Baco no mesmo território.[158] Alexandre era de fato um semideus, mas Baco era um deus, e, ainda por cima, o deus protetor da Sociedade de 10 de Dezembro.

Após a revista de 3 de outubro, a comissão permanente intimou o ministro da Guerra, d'Hautpoul, a comparecer diante dela. Ele prometeu que tais transgressões da disciplina não se repetiriam. É sabido como Bonaparte cumpriu a palavra de d'Hautpoul em 10 de outubro. Em ambas as revistas, Changarnier exercera o comando na condição de comandante em chefe do exército de Paris. Ele, ao mesmo tempo membro da comissão permanente, chefe da guarda nacional, "salvador" de 29 de janeiro e de 13 de junho, "baluarte da sociedade", candidato do partido da ordem à dignidade de presidente, Monk[159] imaginado por duas monarquias, jamais reconhecera até então sua subordinação ao ministro da Guerra, sempre zombara abertamente da Constituição republicana e perseguira Bonaparte com uma proteção ambiguamente nobre. Agora ele bradava pela disciplina contra o ministro da Guerra e pela Constitui-

---

158. Baco era o deus romano do vinho, conhecido pelos gregos sob o nome de Dioniso. Era filho de Zeus e de Sêmele, uma mortal. Quando jovem, ainda não era venerado, mas perseguido por aqueles que se recusavam a reconhecer sua divindade. Assim, abandonou a Grécia e viajou pela Ásia, onde conquistou inúmeros seguidores. Retornou então à Grécia e passou a ser reconhecido e reverenciado como filho de Zeus.

159. Mais exatamente, George Monck, duque de Albemarle (1608-1670). General inglês e estadista, primeiro realista e, depois, general do exército de Cromwell; possibilitou, em 1660, a restauração da dinastia Stuart.

ção contra Bonaparte. Enquanto em 10 de outubro parte da cavalaria fez ressoar o grito *Vive Napoléon! Vivent les saucissons!* [Viva Napoleão! Vivam os salsichões!], Changarnier tomou providências para que pelo menos a infantaria, que passava em desfile sob o comando de seu amigo Neumayer[160], observasse um silêncio glacial. Como punição, o ministro da Guerra, por incitação de Bonaparte, exonerou o general Neumayer de seu posto em Paris sob o pretexto de instalá-lo no cargo de comandante em chefe da 14ª e da 15ª divisões militares. Neumayer recusou essa mudança de posto e assim teve de aceitar sua demissão. Changarnier, por sua vez, publicou em 2 de novembro uma ordem do dia em que proibia às tropas se permitirem exclamações e manifestações políticas de qualquer tipo quando em serviço. Os jornais elísios atacaram Changarnier, os jornais do partido da ordem atacaram Bonaparte, a comissão permanente fez repetidas sessões secretas nas quais se propunha repetidamente a declarar a pátria em perigo, o exército parecia estar dividido em dois campos inimigos com dois estados-maiores inimigos, um deles no Élysée, onde residia Bonaparte, o outro nas Tulherias, onde residia Changarnier. Parecia faltar apenas a reunião da Assembleia Nacional para o sinal de batalha ressoar. O público francês julgou esses atritos entre Bonaparte e Changarnier como aquele jornalista inglês, que os caracterizou com as seguintes pa-

---

160. Maximilian-Georg-Joseph Neumayer (1789-1866): adepto do partido da ordem; comandante das tropas de Paris de 1848 a 1850.

lavras: "As criadas políticas da França varrem para longe com vassouras velhas a lava incandescente da Revolução e vociferam umas contra as outras enquanto executam seu trabalho".[161]

No meio-tempo, Bonaparte se apressou em exonerar o ministro da Guerra, d'Hautpoul, expedi-lo precipitadamente a Argel e nomear em seu lugar o general Schramm[162] para o posto de ministro da Guerra. Em 12 de novembro ele enviou à Assembleia Nacional uma mensagem de extensão americana, sobrecarregada de detalhes, cheirando a ordem, ávida de reconciliação, constitucionalmente resignada, tratando de tudo e de todos, salvo das *questions brûlantes* [questões candentes] do momento. Como que de passagem, deixou escapar que, segundo as determinações expressas da Constituição, apenas o presidente pode dispor do exército. A mensagem concluía com as seguintes palavras altamente enfáticas:

A França pede sobretudo sossego [...] Tão somente comprometido por um juramento, manter-me-ei dentro dos estritos limites que ele traçou para mim [...] Quanto a mim, eleito pelo povo e somente a ele devendo meu poder, sempre me subordinarei à sua vontade legalmente expressa. Se determinardes

---

161. Marx se refere ao artigo "The President and General Changarnier", *The Economist*, Londres, nº 376, de 9 de novembro de 1850.

162. Jean-Paul-Adam Schramm (1789-1884): general e político, bonapartista, ministro da Guerra em 1850-1851.

nesta sessão a revisão da Constituição, uma Assembleia Constituinte regulamentará a posição do poder executivo. Caso contrário, o povo anunciará solenemente sua decisão em 1852. Porém, quaisquer que sejam os desenlaces do futuro, deixai-nos chegar a um entendimento, de modo que jamais a paixão, a surpresa ou a violência decidam acerca do destino de uma grande nação [...] O que requer sobretudo minha atenção não é saber quem governará a França em 1852, mas empregar o tempo à minha disposição de tal maneira que o período intermediário transcorra sem agitação e sem distúrbios. Abri sinceramente meu coração diante de vós, respondereis à minha franqueza com vossa confiança, a meus bons anseios com vossa colaboração, e Deus fará o resto.[163]

A linguagem honrada da burguesia, essa linguagem hipocritamente moderada, virtuosamente trivial, revela seu sentido mais profundo na boca do autocrata da Sociedade de 10 de Dezembro e do herói piqueniquesco de Saint-Maur e Satory.

Os burgraves do partido da ordem não se iludiram por um instante sobre a confiança que essa abertura de coração merecia. Já estavam fartos de juramentos há muito tempo; entre eles, contavam veteranos, virtuoses do perjúrio político; eles não deixaram de ouvir o trecho sobre o exército. Perceberam com irritação que a mensagem, na prolixa enumeração das leis recém-promulgadas, ignorava

---

163. Mensagem publicada em *Le Moniteur universel*, Paris, nº 317, 13 de novembro de 1850.

com silêncio afetado a lei mais importante, a lei eleitoral, e, pelo contrário, deixava ao povo a eleição presidencial de 1852 no caso de não revisão da Constituição. A lei eleitoral era a bola de chumbo presa aos pés do partido da ordem, que o atrapalhava ao caminhar e muito mais ao atacar! Além disso, com a dissolução oficial da Sociedade de 10 de Dezembro e a demissão do ministro da Guerra d'Hautpoul, Bonaparte sacrificara os bodes expiatórios com as próprias mãos no altar da pátria. Ele quebrara o aguilhão da colisão esperada. Por fim, o próprio partido da ordem buscava medrosamente contornar, atenuar e disfarçar qualquer conflito decisivo com o poder executivo. Por medo de perder as conquistas obtidas contra a Revolução, deixaram seus rivais ficar com os frutos delas. "A França pede sobretudo sossego." Assim gritava o partido da ordem para a Revolução desde fevereiro, assim gritava a mensagem de Bonaparte para o partido da ordem. "A França pede sobretudo sossego." Bonaparte praticou atos que visavam à usurpação, mas o partido da ordem praticava o "desassossego" ao dar o alarme acerca desses atos e interpretá-los hipocondriacamente. As salsichas de Satory ficavam quietinhas se ninguém falasse delas. "A França pede sobretudo sossego." Ou seja, Bonaparte pedia que o deixassem fazer sossegadamente o que bem entendesse, e o partido parlamentar estava paralisado por um duplo medo: pelo medo de evocar outra vez o desassossego revolucionário e pelo medo de ele próprio parecer o instigador do desassossego aos olhos de sua própria classe, aos olhos da burguesia. Assim, visto que a França pedia sobretudo sossego, o partido da ordem não ousou responder "guerra" depois que Bonaparte dissera "paz" em sua mensagem. O público que imaginara grandes cenas de escândalo por ocasião da abertura da Assembleia Nacional foi ludibriado em suas expectativas. Os deputados da oposição, que exigiam a apresentação dos protocolos da comissão permanente acerca dos eventos de outubro, foram derrotados por maioria de votos. As pessoas se esquivavam por princípio de qualquer debate que pudesse exaltar os ânimos. Os trabalhos da Assembleia Nacional durante novembro e dezembro de 1850 foram desprovidos de interesse.

Finalmente, por volta de fins de dezembro, começou a peleja guerrilheira por prerrogativas específicas do parlamento. O movimento se atolou em chicanas mesquinhas pela prerrogativa dos dois poderes desde que a burguesia acabara provisoriamente com a luta de classes ao abolir o sufrágio universal.

Contra Mauguin[164], um dos representantes do povo, obteve-se uma sentença judicial por motivo de dívidas. À interpelação do presidente do tribunal, o ministro da Justiça, Rouher[165], declarou que cabia expedir sem maiores cerimônias um mandado de prisão

---

164. François Mauguin (1785-1854): jurista e político, deputado da Assembleia Nacional Constituinte e Legislativa.

165. Eugène Rouher (1814-1884): bonapartista; deputado da Assembleia Nacional Constituinte e Legislativa durante a Segunda República; ministro da Justiça, com interrupções, no período de 1849 a 1852; ocupou vários cargos durante o Segundo Império.

contra o devedor. Mauguin foi portanto jogado na torre dos insolventes. A Assembleia Nacional se exaltou ao saber do atentado. Ordenou não só a soltura imediata de Mauguin, mas mandou seu *greffier* [escrivão] tirá-lo à força de Clichy ainda na mesma noite.[166] No entanto, para dar provas de sua fé na santidade da propriedade privada, e com a segunda intenção de abrir em caso de necessidade um asilo para membros da Montanha que tivessem se tornado inoportunos, ela declarou lícita a prisão de representantes do povo por motivo de dívidas após a prévia obtenção de uma autorização sua. Ela esqueceu de decretar que o presidente também poderia ser preso por dívidas. Ela aniquilou a última aparência de imunidade que envolvia os membros de seu próprio corpo.

Recorda-se que o comissário de polícia Yon denunciou uma seção dos dezembristas por planejar o assassinato de Dupin e de Changarnier com base na declaração de um certo Alais. Considerando isso, logo na primeira sessão[167] os questores propuseram criar uma polícia parlamentar própria a soldo do orçamento privado da Assembleia Nacional e inteiramente independente do chefe de polícia. O ministro do Interior, Baroche, protestou contra essa intervenção em sua alçada. Selou-se em seguida um lamentável compromisso, segundo o qual o comissário de polícia da Assembleia seria, é verdade, pago com recursos de seu orçamento privado e nomeado e destituído por seus questores, porém, após acordo prévio com o ministro

---

166. A noite de 28 de dezembro de 1850.

167. Em 29 de dezembro de 1850.

do Interior. Nesse meio-tempo, Alais fora perseguido judicialmente pelo governo, e foi fácil apresentar suas declarações como uma mistificação e, pela boca do Procurador da República, lançar uma aparência ridícula sobre Dupin, Changarnier, Yon e toda a Assembleia Nacional. Então, em 29 de dezembro, o ministro Baroche escreve uma carta a Dupin em que exige a demissão de Yon. O gabinete da Assembleia Nacional decide manter Yon em seu posto, mas a Assembleia Nacional, apavorada com sua própria violência no caso Mauguin e acostumada, ao se atrever a dar uma pancada no poder executivo, a receber dele duas em troca, não sanciona essa resolução. Ela demite Yon como recompensa por seu zelo profissional e se priva de uma prerrogativa parlamentar, imprescindível contra um homem que não delibera à noite para executar de dia, mas que delibera de dia e executa à noite.[168]

Vimos como a Assembleia Nacional contornou e abafou durante os meses de novembro e dezembro a luta com o poder executivo quando se tratava de ocasiões grandes e decisivas. Agora a vemos obrigada a retomá-la pelos motivos mais mesquinhos. No caso Mauguin, ela confirma o princípio da prisão de representantes do povo por motivo de dívidas, mas se reserva o direito de aplicá-lo apenas a seus representantes malquistos, e, devido a esse privilégio infame, ela entra em conflito com o ministro da Justiça. Em vez de aproveitar o suposto plano de assassinato para ordenar um inquérito

---

168. Bonaparte perpetrou seu golpe de Estado na noite do dia 1º para o dia 2 de dezembro de 1851.

sobre a Sociedade de 10 de Dezembro e expor Bonaparte completamente diante da França e da Europa em sua verdadeira figura como o cabeça do lumpemproletariado parisiense, ela deixa a colisão decair a um ponto em que, entre ela e o ministro do Interior, só se trata de saber de quem é a competência para nomear e destituir um comissário de polícia. Assim, vemos o partido da ordem durante todo esse período, forçado por sua posição ambígua, malbaratar e fragmentar sua luta com o poder executivo em mesquinhas disputas de competência, chicanas, rabulices e litígios de fronteira, e transformar as mais insípidas questões formais em conteúdo de sua atividade. Ele não ousa empreender a colisão no momento em que ela tem um significado fundamental, em que o poder executivo realmente se comprometeu e a causa da Assembleia Nacional seria a causa nacional. Se ousasse, teria dado à nação uma ordem de marcha, e ele nada teme mais do que o fato de a nação se mover. Por isso, nessas ocasiões ele rejeita as propostas da Montanha e passa à ordem do dia. Depois que a questão de litígio foi abandonada dessa maneira em suas grandes dimensões, o poder executivo aguarda calmamente pelo momento em que possa retomá-la por motivos mesquinhamente irrelevantes, quando, por assim dizer, ela só oferece ainda um interesse parlamentar local. Então irrompe a fúria contida do partido da ordem, então ele arranca a cortina dos bastidores, então ele denuncia o presidente, então ele declara a república em perigo, mas então seu páthos também parece insípido, e o motivo da luta parece um pretexto hipócrita ou absolutamente indigno de luta. A tempestade parlamentar se transforma numa tempestade em copo d'água, a luta se transforma em intriga, a colisão em escândalo. Enquanto a alegria das classes revolucionárias pela desgraça alheia se delicia com a humilhação da Assembleia Nacional, pois elas se entusiasmam pelas prerrogativas parlamentares desta tanto quanto essa Assembleia se entusiasma pelas liberdades públicas, a burguesia fora do parlamento não compreende como a burguesia dentro do parlamento pode desperdiçar tempo com rixas tão mesquinhas e comprometer o sossego devido a rivalidades tão miseráveis com o presidente. Ela fica perplexa com uma estratégia que sela a paz no instante em que todo mundo espera batalhas e ataca no instante em que todo mundo acredita que a paz foi selada.

Em 20 de dezembro, Pascal Duprat[169] interpelou o ministro do Interior sobre a loteria das barras de ouro. Essa loteria era uma "filha do elísio"[170], Bonaparte a colocara no mundo com seus devotos, e o chefe de polícia Carlier a colocara sob sua proteção oficial, embora a lei francesa proíba todas as loterias, exceção feita aos sorteios com fins beneficentes. Sete

---

169. Pascal Duprat (1815-1885): político e jornalista, republicano burguês; durante a Segunda República, deputado da Assembleia Nacional Constituinte e Legislativa.

170. Dos versos inicias da ode "À alegria", de Friedrich Schiller: "Alegria, bela centelha dos deuses, / Filha do elísio". Marx usa a expressão para aludir ao Élysée, residência oficial de Luís Bonaparte.

milhões de bilhetes a um franco cada, o lucro sendo supostamente destinado ao transporte marítimo de vagabundos parisienses para a Califórnia. Por um lado, sonhos dourados deviam suplantar os sonhos socialistas do proletariado parisiense, e a perspectiva sedutora da sorte grande, o direito doutrinário ao trabalho. Naturalmente, os trabalhadores parisienses não reconheceram no brilho das barras de ouro californianas os francos nada vistosos que lhes foram tirados dos bolsos. Porém, no principal, tratava-se de uma verdadeira gatunagem. Os vagabundos que pretendiam inaugurar minas de ouro californianas sem se dar o trabalho de sair de Paris eram o próprio Bonaparte e sua távola redonda arruinada por dívidas. Os 3 milhões autorizados pela Assembleia Nacional haviam sido dilapidados, a caixa tinha de ser enchida outra vez de uma forma ou de outra. Bonaparte iniciara em vão uma subscrição nacional para a construção das chamadas *cités ouvrières* [bairros operários], subscrição em cujo topo ele próprio figurava com uma polpuda soma. Os burgueses de coração duro aguardaram desconfiados o pagamento da parcela de Bonaparte, e como este naturalmente não ocorreu, a especulação em torno dos castelos socialistas no ar se esboroou pelo chão. As barras de ouro funcionaram melhor. Bonaparte e seus camaradas não se contentaram em meter parcialmente no bolso o excedente dos 7 milhões relativos às barras a serem distribuídas como prêmio; eles fabricaram bilhetes falsos, emitiram dez, quinze e até vinte bilhetes com o mesmo número, uma operação financeira no espírito da Sociedade de 10 de Dezembro! Aqui a Assembleia Nacional não tinha diante de si o fictício Presidente da República, mas o Bonaparte em carne e osso. Aqui ela poderia apanhá-lo em flagrante entrando em conflito não com a Constituição, e sim com o *Code pénal*. Se, por ocasião da interpelação de Duprat, ela passou à ordem do dia, isso aconteceu não só porque a moção de Girardin[171] para que ela se declarasse "*satisfait*" lembrou o partido da ordem de sua própria corrupção sistemática. O burguês, e sobretudo o burguês inflado à categoria de estadista, complementa sua vulgaridade prática com uma efusividade teórica. Na qualidade de estadista, ele se torna como o poder estatal que está diante dele, um ser superior que só pode ser combatido de maneira superior, consagrada.

Bonaparte, que, precisamente como *bohémien*, como lumpemproletário principesco, tinha frente ao vil burguês a vantagem de poder travar a luta sujamente, via agora, depois que a própria Assembleia o conduzira com a própria mão pelo terreno resvaladiço dos banquetes militares, das revistas, da Sociedade de 10 de Dezembro e, por fim, do *Code pénal*, chegado o momento em que podia passar da aparente defensiva à ofensiva. Pouco o incomodaram as pequenas derrotas, entrementes ocorridas, do ministro da Justiça, do ministro da Guerra, do ministro

---

[171]. Émile de Girardin (1806-1881): jornalista e político, particularmente inescrupuloso; redator do jornal *La Presse*, com intervalos, de 1836 a 1857; deputado da Assembleia Nacional Constituinte em 1850 e 1851; posteriormente, bonapartista.

da Marinha e do ministro das Finanças, mediante as quais a Assembleia Nacional manifestava seu descontentamento resmungão. Ele não só impediu os ministros de renunciar e, assim, reconhecer a subordinação do poder executivo ao parlamento. Agora ele podia consumar o que tinha começado durante as férias da Assembleia Nacional: a separação entre o poder militar e o parlamento, a *destituição de Changarnier*.

Um jornal elísio[172] publicou uma ordem do dia, supostamente dirigida à primeira divisão militar durante o mês de maio, ou seja, procedente de Changarnier, na qual se recomendava aos oficiais, em caso de rebelião, não poupar os traidores em suas próprias fileiras, fuzilá-los imediatamente e recusar tropas à Assembleia Nacional se ela as requisitasse. Em 3 de janeiro de 1851, o gabinete foi interpelado sobre essa ordem do dia. De início, ele pede três meses para examinar esse assunto; em seguida, uma semana e, por fim, apenas 24 horas para deliberar a respeito. A Assembleia insiste em um esclarecimento imediato. Changarnier se levanta e declara que essa ordem do dia jamais existiu. Acrescenta que sempre se apressará em atender às intimações da Assembleia Nacional e que, no caso de um embate, ela poderia contar com ele. Ela acolhe sua declaração com indizível aplauso e decreta um voto de confiança nele. Ela abdica, ela decreta sua própria impotência e a onipotência do exército ao se colocar sob a proteção privada de um general, mas o general

---

172. *La Patrie*, 2 de janeiro de 1851.

se engana ao colocar-lhe à disposição contra Bonaparte um poder que ele só detém como um feudo cedido pelo mesmo Bonaparte, ao esperar, por sua vez, proteção desse parlamento, de seu protegido necessitado de proteção. No entanto, Changarnier acredita no poder misterioso com que a burguesia o dotou desde 29 de janeiro de 1849. Ele se julga o terceiro poder ao lado dos outros dois poderes estatais. Ele partilha o destino dos demais heróis, ou, antes, santos dessa época, cuja grandeza consiste precisamente na alta e interessada opinião que seu partido tem deles, e que se reduzem a figuras cotidianas tão logo as circunstâncias os convidem a fazer milagres. A descrença é realmente o inimigo mortal desses supostos heróis e verdadeiros santos. Daí sua indignação moral e plena de dignidade contra os piadistas e zombeteiros pobres de entusiasmo.

Naquela mesma noite[173], os ministros foram convocados ao Élysée, Bonaparte insiste na destituição de Changarnier, cinco ministros se recusam a assiná-la, o *Moniteur* anuncia uma crise ministerial, e a imprensa da ordem ameaça com a formação de um exército parlamentar sob o comando de Changarnier. O partido da ordem tinha autorização constitucional para esse passo. Precisava apenas nomear Changarnier presidente da Assembleia Nacional e requisitar uma massa qualquer de tropas para sua própria segurança. Podia fazê-lo com segurança tanto maior pelo fato de Changarnier ainda estar

---

173. Em 3 de janeiro de 1851.

realmente à frente do exército e da guarda nacional parisiense, apenas aguardando ser requisitado juntamente com o exército. A imprensa bonapartista ainda nem sequer ousava questionar o direito da Assembleia Nacional à requisição direta de tropas, um escrúpulo jurídico que, nas circunstâncias dadas, não prometia qualquer resultado. É provável que o exército tivesse obedecido à ordem da Assembleia Nacional quando se considera que Bonaparte teve de procurar durante oito dias por toda Paris até finalmente achar dois generais – Baraguay d'Hilliers[174] e Saint-Jean d'Angély[175] – que se declararam dispostos a referendar a destituição de Changarnier. É mais que duvidoso que o partido da ordem tivesse encontrado em suas próprias fileiras e no parlamento o número de votos necessário para tal resolução quando se considera que oito dias depois 286 votos se separaram do partido e que a Montanha rejeitara uma proposta semelhante ainda em dezembro de 1851, na última hora de decisão. Entretanto, talvez os burgraves ainda tivessem conseguido arrebatar a massa de seu partido a um heroísmo que consistia em sentir-se seguro por trás de uma floresta de baionetas e

---

174. Achille, conde de Baraguay d'Hilliers (1795-1878): general, marechal a partir de 1854; durante a Segunda República, deputado da Assembleia Nacional Constituinte e Legislativa; em 1851, comandante da guarnição de Paris; bonapartista.

175. Auguste-Michel-Étienne, conde de Regnault de Saint-Jean d'Angély (1794-1870): general bonapartista; durante a Segunda República, deputado da Assembleia Nacional Constituinte e Legislativa; ministro da Guerra a partir de janeiro de 1851; tomou parte da Guerra da Crimeia.

aceitar o serviço de um exército que tinha desertado para seu campo. Em vez disso, os senhores burgraves se dirigiram na noite de 6 de janeiro ao Élysée com o propósito de fazer Bonaparte desistir da destituição de Changarnier mediante falas e escrúpulos diplomáticos. Quando alguém tenta convencer outro, reconhece que este é o senhor da situação. Esse passo deu segurança a Bonaparte, que, em 12 de janeiro, nomeia um novo ministério, no qual se mantêm os líderes do antigo, Fould e Baroche. Saint-Jean d'Angély se torna ministro da Guerra, o *Moniteur* publica o decreto de destituição de Changarnier e seu comando é partilhado entre Baraguay d'Hilliers, que fica com a primeira divisão militar, e Perrot[176], que fica com a guarda nacional. O baluarte da sociedade foi dispensado, e, se nenhuma telha cai do telhado por essa razão, sobem, em contrapartida, as cotações da bolsa.

Ao rechaçar o exército, que se coloca à sua disposição na pessoa de Changarnier, e, assim, confiá-lo irrevogavelmente ao presidente, o partido da ordem declara que a burguesia perdeu a vocação para governar. Já não existia mais nenhum ministério parlamentar. Ao perder também o controle do exército e da guarda nacional, que meio de força lhe restava para afirmar, ao mesmo tempo, o poder usurpado do parlamento sobre o povo e sua força constitucional contra o presidente? Nenhum. Res-

---

176. Benjamin-Pierre Perrot (1791-1865): general; em 1848, tomou parte na repressão da Insurreição de Junho.

tou-lhe apenas o apelo a princípios não violentos, que ele próprio sempre interpretara apenas como regras gerais que alguém prescreve a terceiros para que ele próprio possa mover-se com liberdade tanto maior. Com a destituição de Changarnier, com o poder militar passando a Bonaparte, encerra-se o primeiro capítulo do período que consideramos, o período da luta entre o partido da ordem e o poder executivo. A guerra entre os dois poderes está agora abertamente declarada, é abertamente travada, porém apenas depois que o partido da ordem perdeu armas e soldados. Sem ministério, sem exército, sem povo, sem opinião pública, não sendo mais a representante da nação soberana desde a lei eleitoral de 31 de maio, sem olhos, sem ouvidos, sem dentes, sem nada[177], a Assembleia Nacional se convertera pouco a pouco num *parlamento francês antigo*[178], que tem de deixar a ação ao governo e se contentar com protestos rabugentos *post festum* [após a festa, tarde demais].

O partido da ordem acolhe o novo ministério com uma tempestade de indignação. O general Be-

---

177. Ver Shakespeare, *Como gostais*, ato II, cena 7.

178. A mais alta instituição judiciária na França pré-Revolução, existente em várias cidades. O parlamento mais importante era o de Paris, que registrava os decretos reais e tinha o chamado direito de protesto, isto é, o direito de protestar contra decretos que não condissessem com os usos e leis do país. Contudo, o parlamento não tinha qualquer poder real, visto que a presença pessoal do rei numa sessão tornava obrigatório o registro das leis.

deau[179] recorda a indulgência da comissão permanente durante as férias e a imensa consideração com que ela renunciara à publicação de seus protocolos. O ministro do Interior em pessoa insiste na publicação desses protocolos, que agora naturalmente se tornaram insípidos como água estagnada, não revelam qualquer fato novo e caem sem qualquer efeito no meio do público enfastiado. Frente à proposta de Rémusat[180], a Assembleia Nacional se recolhe a seus gabinetes e nomeia um "Comitê de medidas extraordinárias". Paris sai tanto menos dos trilhos de sua ordem cotidiana quanto mais o comércio prospera nesse momento, as manufaturas estão ocupadas, os preços do cereal estão baixos, os gêneros alimentícios abundam, as caixas econômicas recebem novos depósitos a cada dia. As "medidas extraordinárias" que o parlamento anunciara tão estrepitosamente se dissipam em 18 de janeiro num voto de desconfiança contra os ministros, sem que o general Changarnier sequer fosse mencionado. O partido da ordem fora obrigado a essa redação de seu voto para garantir os votos dos republicanos, visto que estes, dentre todas as medidas do ministério, aprovavam justamente apenas a destituição de Changarnier, enquanto o

---

179. Marie-Alphonse Bedeau (1804-1863): republicano burguês moderado; em 1848, comandante de uma divisão de tropas durante a Insurreição de Junho; vice-presidente da Assembleia Nacional Constituinte e Legislativa.

180. Charles-François-Marie, conde de Rémusat (1797-1875): estadista e escritor, orleanista, ministro do Interior em 1840, deputado da Assembleia Nacional Constituinte e Legislativa durante a Segunda República; ministro do Exterior de 1871 a 1873.

partido da ordem não podia de fato criticar os demais atos ministeriais, que ele próprio ditara.

O voto de desconfiança de 18 de janeiro[181] foi aprovado por 415 votos contra 286. Portanto, ele só prevaleceu graças a uma *coalizão* dos legitimistas e orleanistas resolutos com os republicanos puros e a Montanha. Ele provou, assim, que o partido da ordem perdera não só o ministério, não só o exército, mas, em conflitos com Bonaparte, também sua maioria parlamentar independente; provou que uma tropa de representantes desertara de seu campo por fanatismo mediador, por medo da luta, por cansaço, por considerações de família quanto a ordenados estatais consanguíneos, por especulação quanto a postos ministeriais que vagariam (Odilon Barrot) ou por mero egoísmo, pelo qual o burguês comum sempre tende a sacrificar o interesse geral de sua classe a este ou aquele motivo privado. Os representantes bonapartistas pertenciam de antemão ao partido da ordem apenas na luta contra a Revolução. O chefe do partido católico, Montalembert[182], lançou sua influência no prato da balança de Bonaparte já quando desesperou da capacidade de viver do partido parlamentar. Os líderes desse partido, por fim, Thiers e Berryer, o orleanista e o legitimista, foram obrigados a se proclamar publicamente republicanos,

---

181. 18 de janeiro de 1851.

182. Charles-Forbes de Tyron, conde de Montalembert (1810-1870): jornalista, deputado da Assembleia Nacional Constituinte e Legislativa durante a Segunda República, orleanista, líder do partido católico, apoiador do golpe de Bonaparte.

a confessar que seus corações se alinhavam com a monarquia, mas suas cabeças com a república, e que a república parlamentar era a única forma possível para o domínio da burguesia em seu conjunto. Assim, foram obrigados a estigmatizar diante dos olhos da própria classe burguesa os planos de restauração, que continuavam a perseguir incansavelmente pelas costas do parlamento, como uma intriga tão perigosa quanto descabeçada.

O voto de desconfiança de 18 de janeiro atingiu os ministros e não o presidente. Mas não fora o ministério que destituíra Changarnier, fora o presidente. Deveria o partido da ordem acusar o próprio Bonaparte? Devido às ânsias de restauração dele? Estas apenas complementavam as suas próprias. Devido à conspiração dele nas revistas militares e à Sociedade de 10 de Dezembro? Há muito eles tinham enterrado esses temas sob simples ordens do dia. Devido à destituição do herói de 29 de janeiro e de 13 de junho, do homem que em maio de 1850 ameaçou atear fogo nos quatro cantos de Paris no caso de um motim? Os aliados do partido da ordem na Montanha, bem como Cavaignac, sequer lhe permitiram erguer o baluarte caído da sociedade mediante uma declaração oficial de simpatia. Eles próprios não podiam contestar a competência constitucional do presidente para destituir um general. Só se enfureciam por ele fazer um uso não parlamentar de seu direito constitucional. Não tinham eles constantemente feito um uso inconstitucional de sua prerrogativa parlamentar, sobretudo na abolição do sufrágio universal? Eles eram portanto obrigados a se mover exatamente dentro dos limites parlamentares. E era preciso padecer daquela doença peculiar que desde 1848 grassou por todo o continente, o *cretinismo parlamentar*, doença que enfeitiça os infectados ao prendê-los num mundo imaginário e os despoja de todo senso, de toda memória e de toda compreensão do rude mundo externo – era preciso esse cretinismo parlamentar quando eles, que tinham destruído todas as condições do poder parlamentar com as próprias mãos e que tinham de fazê-lo em sua luta com as outras classes, ainda tomavam suas vitórias parlamentares por vitórias e acreditavam atingir o presidente ao golpear seus ministros. Apenas lhe deram ocasião de humilhar mais uma vez a Assembleia Nacional aos olhos da nação. Em 20 de janeiro, o *Moniteur* anunciou que fora aceita a demissão de todo o ministério. Sob o pretexto de que nenhum partido parlamentar detinha mais a maioria, como provava o voto de 18 de janeiro, esse fruto da coalizão entre a Montanha e os realistas, e para aguardar a formação de uma nova maioria, Bonaparte nomeou um chamado Ministério de Transição, sem qualquer membro do parlamento, apenas indivíduos absolutamente desconhecidos e insignificantes, um ministério de meros caixeiros e escrivães. Agora o partido da ordem poderia brincar com essas marionetes até cansar, o poder executivo julgava não valer mais a pena ser seriamente representado na Assembleia Nacional.

Quanto mais seus ministros fossem meros figurantes, tão mais visivelmente Bonaparte concentrava todo o poder executivo em sua pessoa, tanto maior era sua liberdade de movimentos para explorá-lo para seus fins pessoais.

O partido da ordem, coligado com a Montanha, vingou-se ao rejeitar a dotação presidencial de um milhão e 800 mil francos que o cabeça da Sociedade de 10 de dezembro obrigara seus caixeiros ministeriais a propor. Dessa vez, decidiu uma maioria de apenas 102 votos, ou seja, desde 18 de janeiro eram 27 votos a menos; a dissolução do partido da ordem avançava. Para que não nos enganemos por um instante sobre o sentido de sua coalizão com a Montanha, ele se recusou, ao mesmo tempo, a sequer considerar uma proposta de anistia geral dos criminosos políticos assinada por 189 membros da Montanha. Bastou o ministro do Interior, um certo Vaïsse[183], declarar que o sossego era apenas aparente, que às escondidas imperava grande agitação, que às escondidas se organizavam sociedades onipresentes, que os jornais democráticos se preparavam para voltar a circular, que os relatórios dos departamentos eram desfavoráveis, que os refugiados de Genebra dirigiam uma conspiração que, passando por Lyon, atingia todo o sul da França, que a França estava à beira de uma crise industrial e comercial, que os fabricantes de Roubaix tinham reduzido o tempo de

---

183. Claude-Marius Vaïsse (1799-1864): bonapartista, ministro do Interior de janeiro a abril de 1851.

trabalho, que os prisioneiros de Belle-Île[184] tinham se rebelado – bastou que um mero Vaïsse conjurasse o espectro vermelho para que o partido da ordem rejeitasse sem discussão uma proposta que teria conquistado uma imensa popularidade para a Assembleia Nacional e que teria jogado Bonaparte de volta em seus braços. Em vez de se deixar intimidar pelo poder executivo com a perspectiva de novas inquietações, ele deveria ter deixado um pequeno espaço de ação para a luta de classes a fim de manter o executivo dependente dele. Mas ele não se sentia à altura da tarefa de brincar com fogo.

Nesse meio-tempo, o chamado Ministério de Transição continuou a vegetar até meados de abril. Bonaparte cansava a Assembleia Nacional e troçava dela com combinações de ministros sempre novas. Ora parecia querer formar um ministério republicano com Lamartine[185] e Billault[186], ora um ministério parlamentar com o inevitável Odilon Barrot, cujo nome nunca pode faltar quando se precisa de um *dupe* [paspalho], ora um ministério legitimista com

---

184. Belle-Île-en-Mer: ilha na costa meridional da Bretanha; de 1849 a 1857 abrigou uma prisão para presos políticos, em especial os participantes da Insurreição de Junho de 1848.

185. Alphonse-Marie-Louis de Lamartine (1790-1869): poeta, historiador e político; na década de 1840, um dos líderes dos republicanos moderados; em 1848, ministro do Exterior e líder efetivo do governo provisório, deputado da Assembleia Nacional Constituinte e membro da comissão executiva.

186. Auguste-Adolphe-Marie Billault (1805-1863): advogado, orleanista; em 1848, deputado da Assembleia Nacional Constituinte; após o golpe de Bonaparte, ministro do Interior de 1854 a 1858.

Vatimesnil[187] e Benoist d'Azy[188], ora um ministério orleanista com Maleville.[189] Enquanto ele mantém dessa forma as diferentes facções do partido da ordem em tensão umas contra as outras e as apavora com a perspectiva de um ministério republicano e com o então inevitável restabelecimento do sufrágio universal, ele ao mesmo tempo suscita na burguesia a convicção de que seus sinceros esforços por um ministério parlamentar fracassam devido à irreconciliabilidade das facções realistas. Porém, a burguesia gritava cada vez mais alto pedindo um "governo forte"; ela achava tão mais imperdoável deixar a França "sem administração" quanto mais parecia se aproximar uma crise geral do comércio, que fazia propaganda do socialismo nas cidades do mesmo jeito que o preço ruinosamente baixo dos cereais fazia no campo. O comércio ficava cada dia mais estagnado, as mãos desocupadas aumentavam a olhos vistos, em Paris havia pelo menos 10 mil trabalhadores desempregados, em Rouen, Mulhouse, Lyon, Roubaix, Tourcoing, Saint-Étienne, Elbeuf etc. inúmeras fábricas estavam paradas. Nessas circunstâncias, Bonaparte pôde ousar, em 11 de abril, a restauração do ministério de 18 de janeiro:

---

187. Antoine-François-Henri Lefebvre de Vatimesnil (1789-1860): ministro da Educação de 1828 a 1851; deputado da Assembleia Nacional Legislativa de 1849 a 1851.

188. Denis, conde Benoist d'Azy (1796-1880): financista e industrial; vice-presidente da Assembleia Nacional Legislativa de 1849 a 1851; legitimista.

189. Léon de Maleville (1803-1879): deputado da Assembleia Nacional Constituinte e Legislativa durante a Segunda República; ministro do Interior (dezembro de 1848).

os srs. Rouher, Fould, Baroche etc., fortalecidos pelo sr. Léon Faucher, o mesmo que a Assembleia Constituinte, durante seus últimos dias, estigmatizara unanimemente, exceto por cinco votos ministeriais, com um voto de desconfiança devido à propagação de telegramas falsos. Assim, a Assembleia Nacional derrotara o ministério em 18 de janeiro e lutara por três meses com Bonaparte para que em 11 de abril Fould e Baroche pudessem acolher o puritano Faucher como terceiro em sua aliança ministerial.[190]

Em novembro de 1849, Bonaparte se contentara com um ministério *não parlamentar*; em janeiro de 1851, com um ministério *extraparlamentar* e, em 11 de abril, sentiu-se forte o bastante para formar um ministério *antiparlamentar*, que reunia harmonicamente em si os votos de desconfiança de ambas as Assembleias, a Constituinte e a Legislativa, a republicana e a realista. Essa escala de ministérios foi o termômetro com que o parlamento pôde medir a queda de seu próprio calor vital. Este baixara tanto em fins de abril que Persigny[191] pôde, num encontro

---

190. Alusão irônica aos últimos versos da balada schilleriana "Die Bürgschaft" [A garantia], em que o tirano Dionísio fica muito impressionado com a lealdade mútua de dois amigos, um dos quais tentara assassiná-lo, e diz: "Vós conseguistes, / Meu coração conquistastes, / E a lealdade não é afinal delírio vão, / De modo que lhes peço então / Que como camarada me aceiteis; / O terceiro em vossa aliança serei".

191. Jean-Gilbert-Victor Fialin, duque de Persigny (1808-1872): bonapartista, deputado da Assembleia Nacional Legislativa de 1849 a 1851, um dos organizadores do golpe de Estado de 2 de dezembro de 1851; ministro do Interior de 1852 a 1854 e de 1860 a 1863.

pessoal, aconselhar Changarnier a passar ao campo do presidente. Bonaparte, garantiu ele a Changarnier, considerava a influência da Assembleia Nacional inteiramente aniquilada, estando já pronta a proclamação que deveria ser publicada após o *coup d'État* constantemente em vista, mas casualmente adiado mais uma vez. Changarnier comunicou o anúncio fúnebre aos líderes do partido da ordem, mas quem acredita que a picada de percevejos seja capaz de matar? E o parlamento, por mais abatido, por mais desagregado que estivesse, por mais preguiçoso que fosse, não pôde se resolver a enxergar no duelo com o grotesco chefe da Sociedade de 10 de Dezembro outra coisa senão o duelo com um percevejo. Mas Bonaparte respondeu ao partido da ordem como Agesilau ao rei Ágis: "*Pareço-lhe uma formiga, mas um dia serei um leão*".[192]

---

192. Citação aproximada de Ateneu de Náucratis (c. 200), Δειπνοσοφισταί [O banquete dos eruditos], XIV, 6, em que se narra que o rei egípcio Tacós zombou da baixa estatura de Agesilau, rei da Lacedemônia, dizendo acerca dele que a montanha parira um rato, ao que este respondeu que ainda mostraria ser um leão.

VI.

A coalizão com a Montanha e os republicanos puros, à qual o partido da ordem se viu condenado em seus vãos esforços por afirmar o domínio do poder militar e por reconquistar o comando supremo do poder executivo, demonstrou de maneira incontestável que ele perdera a *maioria parlamentar* independente. O mero poder do calendário, do ponteiro das horas, deu em 29 de maio o sinal de sua completa dissolução. Com o 29 de maio começou o último ano de vida da Assembleia Nacional. Agora ela tinha de decidir pelo prosseguimento inalterado ou pela revisão da Constituição. Mas revisão da Constituição não significava apenas domínio da burguesia ou da democracia pequeno-burguesa, democracia ou anarquia proletária, república parlamentar ou Bonaparte; significava, ao mesmo tempo, Orléans ou Bourbon! Assim caiu no meio do parlamento o pomo de Éris[193]

---

193. O pomo de discórdia. Éris é a deusa da discórdia na mitologia grega; por não ter sido convidada ao casamento de Peleu e Tétis, jogou uma maçã de ouro no meio dos convidados com a inscrição: "À mais bela", o que levou a uma disputa entre Hera, Atena e Afrodite. Nomeado juiz, Páris decidiu-se por Afrodite, que, por gratidão, ajudou-o no rapto de Helena e assim desencadeou a guerra de Troia.

que inflamaria abertamente o conflito de interesses que dividia o partido da ordem em facções inimigas. O partido da ordem era um composto de substâncias sociais heterogêneas. A questão da revisão gerou uma temperatura política em que o produto se desagregou em seus elementos originais.

O interesse dos bonapartistas pela revisão era simples. Para eles, tratava-se sobretudo de abolir o artigo 45, que proibia a reeleição de Bonaparte e a prorrogação de seu poder. Não menos simples parecia a posição dos republicanos. Eles rejeitavam incondicionalmente qualquer revisão, viam nela uma conspiração que ameaçava a república por todos os lados. Visto que dispunham de *mais de um quarto dos votos* na Assembleia Nacional e que eram exigidos constitucionalmente três quartos dos votos para uma deliberação válida da revisão e para a convocação de uma assembleia revisora, eles apenas precisavam contar seus votos para estarem certos da vitória. E eles estavam certos da vitória.

Em contraste com essas posições claras, o partido da ordem se achava enredado em contradições inextricáveis. Se rejeitasse a revisão, ameaçava o *status quo* ao deixar a Bonaparte apenas uma saída, a da força; ao entregar a França no segundo domingo de maio de 1852, no momento da decisão, à anarquia revolucionária; com um presidente que perdeu sua autoridade, com um parlamento que há muito não a detinha mais e com um povo que pensava em reconquistá-la. Se votasse pela revisão, conforme a Constituição, ele sabia que votava em vão e que fracassaria, conforme a Constituição, graças ao veto dos republicanos. Se declarasse, contra a Constituição, obrigatória a simples maioria de votos, ele só poderia ter esperança de controlar a revolução caso se submetesse incondicionalmente à tutela do poder executivo, assim transformando Bonaparte em senhor da Constituição, da revisão e do próprio partido da ordem. Uma revisão apenas parcial, que prolongasse o poder do presidente, abria caminho para a usurpação imperialista. Uma revisão geral que abreviasse a existência da república, colocaria as pretensões dinásticas em inevitável conflito, pois as condições para uma restauração bourbonista e as condições para uma restauração orleanista não eram apenas diferentes, elas se excluíam mutuamente.

A república parlamentar era mais do que o território neutro em que duas facções da burguesia francesa, legitimistas e orleanistas, grande propriedade fundiária e indústria, podiam viver lado a lado com direitos iguais. Ela era a condição inevitável do domínio *conjunto* delas, a única forma de Estado em que seu interesse geral de classe se submetia ao mesmo tempo às pretensões de suas facções particulares e de todas as demais classes da sociedade. Na qualidade de realistas, essas facções recaíam em seu velho antagonismo, na luta pela supremacia da propriedade fundiária ou do dinheiro, e a expressão suprema desse antagonismo, sua personificação, eram seus próprios reis, suas dinastias. Daí a resistência do partido da ordem ao *retorno dos Bourbon*.

O orleanista e representante do povo Creton[194] apresentara periodicamente em 1849, 1850 e 1851 a proposta de abolir o decreto de banimento das famílias reais. O parlamento oferecia de forma igualmente periódica o espetáculo de uma assembleia de realistas que fecha obstinadamente a seus reis banidos os portões pelos quais poderiam voltar para casa. Ricardo III assassinara Henrique VI observando que ele era bom demais para este mundo e que seu lugar era no céu.[195] Os realistas declararam a França ruim demais para ter outra vez seus reis. Obrigados pela força das circunstâncias, eles tinham se tornado republicanos e sancionaram repetidamente a decisão popular que expulsou os reis da França.

A revisão da Constituição – e as circunstâncias obrigavam a considerá-la – questionava simultaneamente a república e o domínio conjunto das duas facções burguesas, e, com a possibilidade da monarquia, chamava de volta à vida a rivalidade de interesses que esse domínio representara prioritariamente de forma alternada, a luta pela supremacia de uma facção sobre a outra. Os diplomatas do partido da ordem acreditavam poder apaziguar a luta por meio de uma junção de ambas as dinastias, através de uma chamada *fusão* dos partidos realistas e de suas casas reais. A verdadeira fusão entre a Restauração e a Monarquia de Julho foi a república parlamentar,

---

194. Nicolas-Joseph Creton (1798-1864): advogado; durante a Segunda República, deputado da Assembleia Nacional Constituinte e Legislativa.

195. Ver Shakespeare, *Ricardo III*, ato I, cena 2.

em que as cores orleanistas e legitimistas se apagaram e as várias espécies de burgueses desapareceram no burguês como tal, no gênero burguês. Mas agora se pretendia que o orleanista se tornasse legitimista, e o legitimista, orleanista. A realeza na qual se personificava o antagonismo entre eles deveria corporificar a unidade, a expressão dos interesses exclusivos de facção deveria se tornar a expressão do interesse comum de classe, a monarquia deveria cumprir aquilo que apenas a abolição de duas monarquias, a república, podia cumprir e cumprira. Essa foi a pedra filosofal em cuja criação os doutores do partido da ordem quebraram suas cabeças. Como se a monarquia legítima pudesse algum dia tornar-se a monarquia dos burgueses industriais, ou a realeza burguesa pudesse algum dia tornar-se a realeza da aristocracia fundiária hereditária. Como se a propriedade fundiária e a indústria pudessem se fraternizar sob *uma* coroa, quando a coroa só poderia cair sobre uma cabeça: sobre a cabeça do irmão mais velho ou do mais novo. Como se a indústria pudesse de fato se conciliar com a propriedade fundiária enquanto esta não resolvesse tornar-se ela própria industrial. Se Henrique V morresse amanhã, o conde de Paris não se tornaria por isso rei dos legitimistas, a não ser que deixasse de ser o rei dos orleanistas. Contudo, os filósofos da fusão, que se pavoneavam na medida em que a questão da revisão passava ao primeiro plano, que com *L'Assemblée nationale*[196] arranjaram um órgão oficial

---

196. Jornal de orientação monárquico-legitimista publicado em Paris de 1848 a 1857.

diário e que inclusive estão trabalhando outra vez neste momento (fevereiro de 1852), explicavam toda a dificuldade a partir da relutância e da rivalidade de ambas as dinastias. As tentativas de reconciliar a família Orléans com Henrique V, tentativas iniciadas desde a morte de Luís Filipe – mas, tal como as intrigas dinásticas em geral, encenadas apenas durante as férias da Assembleia Nacional, nos entreatos, nos bastidores, mais uma coqueteria sentimental com a velha superstição do que um negócio levado a sério –, tornaram-se agora ações principais e de Estado[197] e eram representadas pelo partido da ordem no palco público, em vez de no teatro de amadores como até então. Os mensageiros corriam a toda pressa de Paris a Veneza, de Veneza a Claremont, de Claremont a Paris. O conde de Chambord publica um manifesto em que anuncia, "com a ajuda de todos os membros de sua família", não sua própria restauração, mas a restauração "nacional". O orleanista Salvandy[198] joga-se aos pés de Henrique V. Os chefes legitimistas Berryer, Benoit d'Azy e Saint-Priest[199] peregrinam até Claremont a fim de persuadir os Orléans, mas em vão. Os fusionistas percebem tarde demais que os interesses das duas facções burguesas não perdem seu caráter exclusivista nem ganham em flexibilida-

---

197. Ver nota 106.

198. Narcisse-Achille, conde de Salvandy (1795-1856): escritor e estadista, ministro da Educação de 1837 a 1839 e de 1845 a 1848.

199. Emmanuel-Louis-Marie de Guignard, visconde de Saint-Priest (1789-1881): general e diplomata, deputado da Assembleia Nacional Legislativa de 1849 a 1851.

de ao se agudizarem na forma de interesses familiares, de interesses de duas casas reais. Se Henrique V reconhecesse o conde de Paris como seu sucessor – o único êxito que a fusão poderia alcançar, na melhor das hipóteses –, a casa de Orléans não ganharia qualquer direito que a ausência de filhos de Henrique V já não lhe tivesse assegurado, mas perderia todos os direitos que conquistara através da Revolução de Julho. Ela renunciaria a seus direitos originais, a todos os títulos que numa luta de quase um século arrancara do ramo mais antigo dos Bourbon, ela trocaria sua prerrogativa histórica, a prerrogativa da realeza moderna, pela prerrogativa de sua árvore genealógica. A fusão não era, portanto, nada senão uma abdicação voluntária da casa de Orléans, sua resignação legitimista, sua saída arrependida da Igreja de Estado protestante e o retorno à Igreja de Estado católica. Um retorno que nem sequer a levaria ao trono que perdera, mas ao degrau do trono em que nascera. Os velhos ministros orleanistas, Guizot, Duchâtel[200] etc., que também corriam a Claremont para apoiar a fusão, representavam de fato apenas a ressaca da Revolução de Julho, o desespero com a realeza burguesa e com o reinado dos burgueses, a crença supersticiosa na legitimidade como o último amuleto contra a anarquia. Mediadores entre Orléans e Bourbon em sua imaginação, eles eram na realidade apenas orleanistas dissidentes, e como tais os recebeu o príncipe

---

200. Charles-Marie-Tanneguy, conde de Duchâtel (1803-1867): ministro do Comércio (1834-1836) e ministro do Interior (1839; 1840-1848).

de Joinville.[201] Em contrapartida, a parcela vivedoura e guerreira dos orleanistas, Thiers, Baze[202] etc., convenceu tão mais facilmente a família de Luís Filipe de que se qualquer restauração monárquica imediata pressupunha a fusão de ambas as dinastias, e se qualquer fusão desse gênero pressupunha a abdicação da casa de Orléans, em contrapartida correspondia inteiramente à tradição de seus antepassados reconhecer provisoriamente a república e aguardar até que os eventos permitissem transformar a cadeira presidencial num trono. A candidatura de Joinville fora divulgada por meio de boatos, a curiosidade pública foi mantida em suspenso e, alguns meses depois, após a rejeição da revisão, proclamada publicamente em setembro.

Assim, a tentativa de uma fusão realista entre orleanistas e legitimistas não só fracassara, mas quebrara sua *fusão parlamentar*, sua forma republicana comum, e decompusera o partido da ordem em seus elementos originais; porém, quanto mais crescia o estranhamento entre Claremont e Veneza, quanto mais a possibilidade de conciliação entre eles se esfacelava, quanto mais a agitação de Joinville se propagava, tão mais intensas e sérias se tornavam as negociações entre Faucher, o ministro de Bonaparte, e os legitimistas.

---

201. François-Ferdinand-Philippe-Louis-Marie, duque d'Orléans, príncipe de Joinville (1818-1900): filho de Luís Filipe, refugiou-se na Inglaterra após a vitória da Revolução de Fevereiro, em 1848.

202. Jean-Didier Baze (1800-1881): advogado; durante a Segunda República, deputado da Assembleia Nacional Constituinte e Legislativa.

A dissolução do partido da ordem não parou em seus elementos originais. Cada uma das duas grandes facções se decompôs, por sua vez, novamente. Era como se todas as velhas nuanças que antes tinham se combatido e se empurrado dentro de cada um dos grupos, fosse o dos legitimistas, fosse o dos orleanistas, tivessem se descongelado como infusórios ressecados ao contato com a água, como se elas tivessem recobrado força vital suficiente para formar grupos próprios e oposições independentes. Os legitimistas sonhavam que tinham voltado às questões de litígio entre as Tulherias e o Pavilhão de Marsan[203], entre Villèle[204] e Polignac.[205] Os orleanistas viviam de novo a época dourada dos torneios entre Guizot, Molé, Broglie, Thiers e Odilon Barrot.

A parcela do partido da ordem que tinha vontade de revisar a Constituição, mas que discordava sobre os limites dessa revisão, parcela composta por

---

203. Edificação pertencente ao palácio das Tulherias. Durante a Restauração, foi a residência do conde d'Artois, enquanto o palácio principal foi residência de Luís XVIII. Nesse período, as divergências de opinião quanto à tática dos legitimistas se polarizavam entre a posição de Luís XVIII e de Villèle, que insistiam na implementação cautelosa de medidas reacionárias, e a do conde d'Artois (rei Carlos X a partir de 1824) e de Polignac, que defendiam o completo restabelecimento da ordem pré-revolucionária.

204. Jean-Baptiste-Séraphin-Joseph, conde de Villèle (1773-1854): estadista durante o período da Restauração, legitimista, primeiro-ministro de 1822 a 1827.

205. Auguste-Jules-Armand-Marie, príncipe de Polignac (1780-1847): estadista do período da Restauração, legitimista e clericalista, ministro do Exterior (1829) e primeiro-ministro (1830).

legitimistas sob o comando de Berryer e Falloux por um lado, e de La Rochejaquelein[206] por outro, e por orleanistas cansados de guerra sob o comando de Molé, Broglie, Montalembert e Odilon Barrot, entrou em acordo com os representantes bonapartistas quanto à seguinte proposta indefinida e amplamente formulada: "Os representantes abaixo assinados, com o fim de restituir à nação o pleno exercício de sua soberania, apresentam moção para que a Constituição seja revisada". Mas, ao mesmo tempo, declaram unanimemente por meio de seu relator, Tocqueville[207], que a Assembleia Nacional não tem o direito de propor a *abolição da república*, que esse direito compete apenas à câmara de revisão. De resto, a Constituição só poderia ser revisada *por via "legal"*, ou seja, apenas se os três quartos constitucionalmente prescritos do número de votos decidissem a favor da revisão. Depois de seis dias de debates tempestuosos, em 19 de julho, a revisão, como era de se prever, foi rejeitada. Foram 446 votos a favor, mas 278 contra. Os orleanistas resolutos, Thiers, Changarnier etc., votaram com os republicanos e a Montanha.

---

206. Henri-Auguste-Georges, marquês de La Rochejaquelein (1805-1867): líder legitimista; membro da câmara dos pares; em 1848, deputado da Assembleia Nacional Constituinte e, em 1849, da Assembleia Nacional Legislativa; senador sob Napoleão III.

207. Alexis Clérel de Tocqueville (1805-1859): historiador; legitimista e adepto da monarquia constitucional; durante a Segunda República, deputado da Assembleia Nacional Constituinte e Legislativa; ministro do Exterior de junho a outubro de 1849.

A maioria do parlamento declarou-se assim contra a Constituição, mas a própria Constituição declarou-se a favor da minoria e da obrigatoriedade de sua decisão. No entanto, o partido da ordem não subordinara a Constituição à maioria parlamentar em 31 de maio de 1850 e em 13 de junho de 1849? Toda a sua política não se apoiara até então na subordinação dos parágrafos da Constituição às deliberações da maioria parlamentar? Não deixara ele aos democratas a crença supersticiosa na letra da lei, crença própria do Antigo Testamento, e os açoitara por isso? Porém, nesse instante, revisão da Constituição não significava outra coisa senão continuidade do poder presidencial, assim como continuidade da Constituição não significava outra coisa senão a destituição de Bonaparte. O parlamento se declarara a favor dele, mas a Constituição se declarara contra o parlamento. Assim, ele agia no espírito do parlamento se rasgasse a Constituição, e agia no espírito da Constituição se dispersasse o parlamento.

O parlamento declarara a Constituição e, com ela, seu próprio domínio "fora da maioria"; mediante tal decisão, ele suspendera a Constituição e prolongara o poder presidencial, declarando ao mesmo tempo que a primeira não poderia morrer e o segundo não poderia viver enquanto ele próprio continuasse existindo. Os pés daqueles que o enterrariam estavam à porta. Enquanto ele debatia a revisão, Bonaparte afastou o general Baraguay d'Hilliers, que se mostrava indeciso, do comando da primeira divisão militar e nomeou em seu lugar o general Magnan[208], o vencedor de Lyon, o herói dos dias de dezembro, uma de suas criaturas, que já sob Luís Filipe, por ocasião da expedição de Boulogne[209], se comprometera mais ou menos em favor dele.

Com sua decisão acerca da revisão, o partido da ordem provou que não sabia dominar nem servir, nem viver nem morrer, nem aguentar a república nem derrubá-la, nem conservar a Constituição nem destruí-la, nem colaborar com o presidente nem romper com ele. De quem, afinal, ele esperava a solução para todas as contradições? Do calendário, da marcha dos eventos. Ele cessou de se arrogar poder sobre os eventos. Assim, desafiava-os a agir contra ele com violência e, com isso, desafiava o poder ao qual, na luta com o povo, cedera um atributo após o outro até que ele próprio estivesse inerme diante desse poder. Para que o chefe do poder executivo pudesse esboçar com maior tranquilidade o plano de combate contra o partido da ordem, reforçar seus meios ofensivos, escolher suas ferramentas e fortalecer suas posições, este decidiu sair de cena nesse momento crítico e permanecer em recesso por três meses, de 10 de agosto a 4 de novembro.

---

208. Bernard-Pierre Magnan (1791-1865): general, marechal a partir de dezembro de 1851; tomou parte na repressão das revoltas operárias de Lyon (1831 e 1849), de Lille e de Roubaix (1845), bem como na da Insurreição de Junho de 1848, em Paris; deputado da Assembleia Nacional Legislativa (1849-1851), um dos organizadores do golpe de Estado de 2 de dezembro de 1851.

209. Cidade francesa em que Bonaparte fizera uma tentativa de golpe de Estado em 6 de agosto de 1840.

O partido parlamentar não só se desagregara em suas duas grandes facções, cada uma dessas facções não só se desagregara em seu próprio interior, mas o partido da ordem no parlamento cortara relações com o partido da ordem *fora* do parlamento. Os porta-vozes e os escribas da burguesia, sua tribuna e sua imprensa, em suma, os ideólogos da burguesia e a própria burguesia, os representantes e os representados, estavam frente a frente, estranhados, e não mais se entendiam.

Os legitimistas nas províncias, com seu horizonte limitado e entusiasmo ilimitado, acusavam seus líderes parlamentares, Berryer e Falloux, de desertar ao campo bonapartista e de abandonar Henrique V. Seu entendimento de lírio[210] acreditava no pecado original, mas não na diplomacia.

Incomparavelmente mais funesto e mais decisivo foi o rompimento da burguesia comercial com seus políticos. Ela não os acusava, como faziam os legitimistas com os seus, de terem abandonado seus princípios, mas, ao contrário, de se aterem a princípios que tinham se tornado inúteis.

Já indiquei anteriormente que, desde a entrada de Fould no ministério, a parte da burguesia comercial que detivera a parte do leão no governo de Luís Filipe, a *aristocracia financeira*, se tornara bonapartista. Fould não só representava os interesses de Bonaparte na bolsa, ele representava ao mesmo

---

210. Lírio: símbolo da pureza e, na França, também da realeza (casa Bourbon).

tempo os interesses da bolsa junto a Bonaparte. A posição da aristocracia financeira é descrita da forma mais certeira por uma citação de seu órgão europeu, o londrino *The Economist*.[211] Em seu número de 1º de fevereiro de 1851, escrevem-lhe de Paris: "Constatamos por toda parte que a França pede sobretudo sossego. O presidente o declara em sua mensagem à Assembleia Legislativa[212], tal ressoa como eco da tribuna nacional, é asseverado pelos jornais, anunciado do alto do púlpito, *demonstrado pela suscetibilidade dos papéis estatais diante da mais ínfima perspectiva de perturbação e por sua solidez sempre que o poder executivo vence*".

Em seu número de 29 de novembro de 1851, *The Economist* declara em seu próprio nome: "*Em todas as bolsas da Europa, o presidente é agora reconhecido como a sentinela da ordem*". A aristocracia financeira condenava, portanto, a luta parlamentar do partido da ordem com o poder executivo como uma *perturbação da ordem* e celebrava cada vitória do presidente sobre seus supostos representantes como uma *vitória da ordem*. Por aristocracia financeira não se deve entender aqui apenas os grandes negociantes de empréstimos e os especuladores com papéis do Estado, de quem logo se compreende que seu interesse coincida com o interesse do poder estatal. Todo o negócio monetário moderno, todo o sistema bancário, está entrelaçado da forma mais íntima com o

---

211. Semanário publicado desde 1843, órgão da grande burguesia industrial.

212. Mensagem de 12 de novembro de 1850.

crédito público. Uma parte de seu capital de giro é necessariamente investido em papéis estatais rapidamente convertíveis e rende juros. Seus depósitos, o capital colocado à sua disposição e por eles dividido entre comerciantes e industriais, emana em parte dos dividendos dos que lucram com o Estado. Se em todas as épocas a estabilidade do poder estatal teve para todo o mercado monetário e os sacerdotes desse mercado monetário o significado que tem Moisés e os profetas, quanto mais não o teria hoje, quando cada dilúvio ameaça levar embora, com os velhos Estados, as velhas dívidas estatais?

A *burguesia industrial*, com seu fanatismo pela ordem, também se incomodava com as rixas do partido parlamentar da ordem com o poder executivo. Thiers, Anglès[213], Sainte-Beuve[214] etc. receberam, depois de seus votos de 18 de janeiro por ocasião da destituição de Changarnier, repreensões públicas oriundas precisamente de seus mandantes dos distritos industriais, nas quais se fustigava sobretudo sua coalizão com a Montanha, qualificada de alta traição contra a ordem. Se vimos que as zombarias fanfarronas e as intrigas mesquinhas nas quais se manifestou a luta do partido da ordem com o presidente não mereceram melhor recepção, por outro

---

213. François-Ernest Anglès (1807-1861): proprietário de terras, deputado da Assembleia Nacional Legislativa (1850-1851); representante do partido da ordem.

214. Pierre-Henri Sainte-Beuve (1819-1855): proprietário de fábricas e terras; defensor do livre-comércio, representante do partido da ordem; durante a Segunda República, deputado da Assembleia Nacional Constituinte e Legislativa.

lado, esse partido burguês, que exige de seus representantes que o poder militar passe sem resistência das mãos de seu próprio parlamento às mãos de um pretendente aventureiro, não valia sequer as intrigas que foram desperdiçadas em favor de seus interesses. Ele provou que a luta pela afirmação de seu interesse *público*, de seu próprio *interesse de classe*, de seu *poder político*, só o importunava e aborrecia como perturbação do negócio privado.

Com pouquíssimas exceções, em toda parte os dignatários burgueses das cidades departamentais, os magistrados, os juízes dos tribunais do comércio etc. recebiam Bonaparte durante seus périplos da maneira mais servil, mesmo quando, como em Dijon, ele atacava sem reservas a Assembleia Nacional e, em especial, o partido da ordem.

Quando o comércio ia bem, como ainda em inícios de 1851, a burguesia comercial vociferava contra qualquer luta parlamentar para que o comércio não ficasse de mau humor. Quando o comércio ia mal, como passou a acontecer constantemente a partir de fins de fevereiro de 1851, ela acusava as lutas parlamentares de serem a causa da estagnação e gritava pedindo seu silêncio para que o comércio pudesse levantar sua voz novamente. Os debates revisionistas coincidiram exatamente com essa época ruim. Visto que se tratava do ser ou do não ser da forma de Estado existente, a burguesia se sentiu ainda mais autorizada a exigir de seus representantes o fim dessa torturante provisoriedade e, ao mesmo tempo, a conservação do *status quo*. Isso não era uma contradição. Por fim da provisoriedade ela entendia justamente a continuidade desta, a protelação, até uma lonjura azulada, do momento em que deveria ocorrer uma decisão. O *status quo* só poderia ser mantido por duas vias. Prorrogação do poder de Bonaparte, ou renúncia deste conforme a Constituição e eleição de Cavaignac. Uma parte da burguesia desejava a última solução e não sabia dar melhor conselho a seus representantes senão silenciar, deixar intocado o ponto candente. Se seus representantes não falarem, achavam eles, Bonaparte não agirá. Eles desejavam um parlamento-avestruz, que escondesse a cabeça para não ser visto. Outra parte da burguesia desejava que Bonaparte, já que estava sentado na cadeira presidencial, continuasse sentado na cadeira presidencial para que tudo seguisse nos velhos trilhos. Indignava-os que seu parlamento não infringisse abertamente a Constituição e não abdicasse sem cerimônias.

Os conselhos gerais dos departamentos, essas representações provinciais da grande burguesia que, durante as férias da Assembleia Nacional, se reuniam desde 25 de agosto, declararam-se quase unanimemente a favor da revisão, ou seja, contra o parlamento e a favor de Bonaparte.

Ainda mais inequívoco do que o rompimento com seus *representantes parlamentares*, foi a manifestação de fúria da burguesia contra seus representantes literários, contra sua própria imprensa. As condenações ao pagamento de somas exorbitantes e ao cumprimento de penas de prisão obscenas pronunciadas por júris burgueses a cada ataque de jornalistas burgueses aos desejos usurpatórios de Bonaparte, a cada tentativa da imprensa de defender os direitos políticos da burguesia contra o poder executivo, surpreenderam não apenas a França, mas toda a Europa.

Se o *partido parlamentar da ordem*, conforme mostrei, admoestava a si próprio ao sossego através de sua gritaria por sossego, se ele declarava o domínio político da burguesia incompatível com a segurança e a existência da burguesia, ao aniquilar com as próprias mãos, na luta contra as outras classes da sociedade, todas as condições de seu próprio regime, do regime parlamentar, a *massa extraparlamentar da burguesia*, em contrapartida, com seu servilismo frente ao presidente, com suas invectivas contra o parlamento, com os brutais maus-tratos de sua própria imprensa, animava Bonaparte a reprimir, a aniquilar sua parcela falante e escrevente, seus políticos e seus literatos, sua tribuna e sua imprensa, de modo que essa burguesia, cheia de confiança, sob a proteção de um governo forte e irrestrito, pudesse cuidar de seus negócios privados. Ela declarou inequivocamente que ansiava por livrar-se de seu próprio domínio político para livrar-se das labutas e dos perigos do domínio.

E essa massa, que já se indignara contra a luta meramente parlamentar e literária pelo domínio de sua própria classe e que traíra os líderes dessa luta, agora ousa acusar o proletariado *a posteriori* de não ter se erguido para a luta sangrenta, para a luta de vida ou morte por ela! Ela, que a todo o momento sacrificava seu interesse geral de classe, quer dizer, seu interesse político, ao mais tacanho, ao mais imundo interesse privado, e que exigia de seus representantes um sacrifício parecido, ela se queixa agora de que o proletariado teria sacrificado os interesses políticos ideais dela a seus próprios interesses materiais. Ela se comporta feito uma bela alma[215] a quem o proletariado, desencaminhado pelos socialistas, não compreendeu e abandonou no momento decisivo. E ela encontra um eco geral no mundo burguês. Naturalmente, não falo aqui de politicastros e patifes alemães. Refiro-me, por exemplo, ao mesmo *The Economist*, que ainda em 29 de novembro de 1851, ou seja, quatro dias antes do golpe de Estado, declarara que Bonaparte era "a sentinela da ordem", mas que os Thiers e Berryer eram "anarquistas", e que já em 27 de dezembro de 1851, depois que Bonaparte acalmara esses anarquistas, grita a respeito da traição que "massas proletárias ignorantes, mal-educadas e estúpidas" teriam cometido "contra a habilidade, o conhecimento, a disciplina, a influência espiritual, os recursos intelectuais e o peso moral das categorias médias e altas da sociedade". A massa estúpida, ignorante e vulgar não era outra senão a própria massa burguesa.

Em 1851, a França experimentara de fato uma espécie de pequena crise comercial. Em fins de fevereiro verificou-se uma diminuição das exportações em comparação com 1850, em março o comércio

---

215. A expressão remonta a Goethe; ver "Confissões de uma bela alma", livro VI do romance *Os anos de aprendizado de Wilhelm Meister*.

sofria e as fábricas fechavam, em abril o estado dos departamentos industriais parecia tão desesperado quanto após os dias de fevereiro, em maio os negócios ainda não tinham recobrado o vigor, ainda em 28 de junho o portfólio do Banco da França mostrava, pelo crescimento descomunal dos depósitos e de uma diminuição igualmente grande dos adiantamentos garantidos por letras de câmbio, a paralisação da produção, e apenas em meados de outubro voltou a ocorrer uma melhora progressiva dos negócios. A burguesia francesa explicava essa estagnação comercial por razões puramente políticas, pela luta entre o parlamento e o poder executivo, pela incerteza de uma forma de Estado apenas provisória, pela perspectiva apavorante do segundo domingo de maio de 1852. Não pretendo negar que todas essas circunstâncias pesavam sobre alguns ramos industriais em Paris e nos departamentos. Mas, em todo o caso, essa influência das condições políticas foi apenas local e desprezível. Será preciso outra prova além do fato de a melhora do comércio iniciar precisamente no instante em que a situação política piorara, o horizonte político escurecera e a qualquer momento se esperava um relâmpago do Élysée, em meados de outubro? O burguês francês, cujos "habilidade, conhecimento, perspicácia espiritual e recursos intelectuais" não iam além do seu nariz, pôde, de resto, durante toda a duração da Exposição da Indústria[216], em Londres, dar de nariz na causa de sua

---

216. Ocorrida de maio a outubro de 1851, foi a primeira exposição internacional do comércio e da indústria.

miséria comercial. Enquanto as fábricas eram fechadas na França, estouravam bancarrotas comerciais na Inglaterra. Enquanto o pânico industrial atingiu um ponto alto em abril e maio na França, o pânico comercial atingiu um ponto alto em abril e maio na Inglaterra. Tal como a indústria francesa de algodão, assim padecia a inglesa; tal como a manufatura francesa de seda, assim padecia a inglesa. Se as algodoarias inglesas continuavam trabalhando, isso não acontecia mais com o mesmo lucro de 1849 e 1850. A diferença era tão somente que a crise na França era industrial, e na Inglaterra, comercial; que enquanto na França as fábricas paravam, na Inglaterra elas se expandiam, porém sob condições mais desfavoráveis do que nos anos anteriores; que na França a exportação recebia os principais golpes, e na Inglaterra, a importação. A causa comum, que naturalmente não cabe buscar dentro dos limites do horizonte político francês, era evidente. Os anos de 1849 e 1850 foram os anos de maior prosperidade material e de uma superprodução que se destacou como tal apenas em 1851. Esta ainda fora particularmente estimulada no início desse ano pela perspectiva da Exposição da Indústria. Como circunstâncias peculiares, somavam-se as seguintes: primeiro o mau crescimento da safra de algodão de 1850 e de 1851, em seguida a certeza de uma safra de algodão maior do que a esperada; primeiro o aumento, em seguida a queda súbita dos preços do algodão, em suma, suas oscilações. Além disso, a safra de seda crua, pelo menos na França, ficara abaixo da produção média. A manufatura de lã, por fim, se expandira tanto desde 1848 que a produção de lã não podia acompanhá-la, e o preço da lã bruta subiu numa grande desproporção com o preço dos artigos de lã. Assim, na matéria-prima de três indústrias do mercado mundial já temos aqui um triplo material para uma estagnação do comércio. Sem considerar essas circunstâncias especiais, a aparente crise de 1851 não foi outra coisa senão a parada que a superprodução e a superespeculação fazem toda vez que descrevem o ciclo industrial antes de concentrarem todas as suas energias para percorrer febrilmente o último segmento desse ciclo e chegar outra vez ao ponto de partida, a *crise comercial geral*. Nesses intervalos da história do comércio, estouram bancarrotas comerciais na Inglaterra, enquanto na França a própria indústria fecha as portas, em parte obrigada a recuar devido à concorrência dos ingleses em todos os mercados, que precisamente nesse momento se torna insuportável, em parte porque, como indústria de luxo, é prioritariamente atacada por qualquer estagnação dos negócios. Assim, além de passar pelas crises gerais, a França passa por suas próprias crises comerciais nacionais, que, não obstante, são muito mais determinadas e condicionadas pela situação geral do mercado mundial do que por influências locais francesas. Não será desprovido de interesse contrapor ao preconceito do burguês francês o juízo do burguês inglês.[217] Uma das maiores

---

217. Jogo de palavras entre *Vorurteil* (preconceito, "pré-juízo") e *Urteil* (juízo).

casas de Liverpool[218] escreve em seu relatório comercial anual de 1851: "Poucos anos frustraram mais os prognósticos cultivados em seu início do que o ano recém-transcorrido; em vez da grande prosperidade unanimemente esperada, ele se revelou como um dos mais desanimadores do último quarto de século. Naturalmente, isso vale apenas para as classes mercantis, não para as industriais. E, contudo, certamente havia razões para supor o contrário no início do ano: os estoques de produtos estavam escassos, o capital era abundante, os gêneros alimentícios estavam baratos, uma rica colheita estava garantida; a paz no continente perdurava e não havia perturbações políticas ou financeiras em casa; de fato, as asas do comércio nunca estiveram mais livres... A que atribuir esse resultado desfavorável? Acreditamos que ao *comércio excessivo*, tanto em importações quanto exportações. Se nossos comerciantes não traçarem por conta própria limites mais estreitos para sua atividade, nada pode nos manter nos trilhos senão o pânico a cada três anos".

Imaginemos agora o burguês francês, como em meio a esse pânico nos negócios seu cérebro doente pelo comércio é torturado, assediado e entorpecido por boatos de golpes de Estado e de restabelecimento do sufrágio universal, pela luta entre o parlamento e o poder executivo, pela guerra frondista[219] dos or-

---

218. T. and H. Littledale and Co. Ver "The Spirit of the Annual Trade Circulars. The Year That Is Past", *The Economist*, Londres, nº 437, 10 de janeiro de 1852, p. 29-30.

219. Relativo à Fronda; ver nota 93.

leanistas e legitimistas, por conspirações comunistas no sul da França, por supostas jaquerias[220] nos departamentos de Nièvre e de Cher, pela propaganda dos diferentes candidatos à presidência, pelas soluções fanfarronescas dos jornais, pelas ameaças dos republicanos de defender a Constituição e o sufrágio universal com armas na mão, pelos evangelhos dos heróis emigrados *in partibus*[221] anunciando o fim do mundo para o segundo domingo de maio de 1852, e compreenderemos que o burguês, nessa indescritível e barulhenta confusão de fusão, revisão, prorrogação, Constituição, conspiração, coalizão, emigração, usurpação e revolução esbraveje loucamente para sua república parlamentar: "*Antes um fim com terror do que um terror sem fim!*".

Bonaparte compreendeu esse grito. Sua faculdade de compreensão fora aguçada pela crescente impetuosidade dos credores, que, em cada pôr do sol que trazia para mais perto o dia do vencimento, o segundo domingo de maio de 1852, viam um protesto do movimento dos astros contra suas terrenas letras de câmbio. Eles tinham se tornado verdadeiros astrólogos. A Assembleia Nacional cortara a esperança de Bonaparte na prorrogação constitucional de seu poder, e a candidatura do príncipe de Joinville não permitia hesitar por mais tempo.

Se alguma vez um evento projetou sua sombra diante de si muito tempo antes de acontecer, esse

---

220. Referência à *Jacquerie*, revolta de camponeses contra seus senhores ocorrida na França em 1358.

221. Ver nota 35.

evento foi o golpe de Estado de Bonaparte. Já em 29 de janeiro de 1849, mal se passara um mês de sua eleição, ele fez a proposta do golpe a Changarnier. Seu próprio primeiro-ministro, Odilon Barrot, denunciou veladamente a política dos golpes de Estado no verão de 1849; Thiers o fez abertamente no inverno de 1850. Em maio de 1851, Persigny tentara conquistar Changarnier mais uma vez para o golpe; o *Messager de l'Assemblée*[222] publicara essa negociação. A cada tempestade parlamentar, os jornais bonapartistas ameaçavam com um golpe de Estado, e quanto mais a crise se aproximava, mais eles elevavam seu tom. Nas orgias que Bonaparte celebrava toda noite com a *swell mob* [alta escória] de ambos os sexos, sempre que a meia-noite se aproximava e abundantes libações tinham soltado a língua e inflamado a fantasia, resolvia-se que o golpe de Estado seria executado na manhã seguinte. Puxava-se da espada, os copos tiniam, os representantes voavam pela janela e o manto de imperador caía sobre os ombros de Bonaparte, até que a manhã seguinte voltava a afugentar o espectro e a pasmada Paris ficava sabendo por vestais pouco reservadas e paladinos indiscretos do perigo do qual mais uma vez escapara.[223] Nos meses

---

222. Diário francês publicado em Paris de 16 de fevereiro a 2 de dezembro de 1851.

223. Marx se apoia aqui provavelmente no testemunho do jornalista Alexandre Massol, que o visitara em Londres em fevereiro de 1852. Em duas cartas a Engels (4 e 27 de fevereiro de 1852), Marx narra as patuscadas de Bonaparte, baseando-se em relatos de Massol.

de setembro e outubro, precipitaram-se os boatos de um *coup d'État*. A sombra ganhava ao mesmo tempo cor, como um daguerreótipo colorido. Se consultarmos os números dos meses de setembro e outubro dos órgãos da imprensa diária europeia, acharemos, em termos literais, indicações como a seguinte: "Boatos de golpe de Estado enchem Paris. Diz-se que a capital será ocupada por tropas durante a noite e que a manhã seguinte trará decretos que dissolverão a Assembleia Nacional, colocarão o departamento do Sena em estado de sítio, restabelecerão o sufrágio universal, apelarão ao povo. Diz-se que Bonaparte procura ministros para a execução desses decretos ilegais". As correspondências que trazem essas notícias terminam sempre fatalmente com "*adiado*". O golpe de Estado sempre fora a ideia fixa de Bonaparte. Com essa ideia, ele pisara de novo o solo francês. Ela o possuía a tal ponto que constantemente a revelava e tagarelava a respeito. Ele era tão fraco que também desistia dela constantemente. A sombra do golpe de Estado se tornara tão familiar aos parisienses como espectro que não quiseram acreditar nele quando finalmente apareceu em carne e osso. Assim, o que fez o golpe ser bem-sucedido não foi nem a taciturna reserva do chefe da Sociedade de 10 de Dezembro, nem uma surpresa nunca imaginada pela Assembleia Nacional. Se ele foi bem-sucedido, foi-o apesar da indiscrição *dele* e com a presciência *dela*, um resultado necessário, inevitável do desenvolvimento precedente.

Em 10 de outubro, Bonaparte anunciou a seus ministros a decisão de que pretendia restabelecer o sufrágio universal, no dia 16 eles se demitiram, e no dia 26 Paris soube da formação do ministério Thorigny.[224] O chefe de polícia Carlier foi simultaneamente substituído por Maupas[225] e o chefe da primeira divisão militar, Magnan, concentrou os regimentos mais confiáveis da capital. Em 4 de novembro, a Assembleia Nacional retomou suas sessões. Ela nada mais tinha a fazer senão recapitular, num conciso exercício de repetição, o curso que percorrera, e demonstrar que só fora sepultada após sua morte.

O primeiro posto que ela perdera na luta com o poder executivo foi o ministério. Teve de confessar solenemente essa perda ao aceitar o ministério Thorigny, um mero pseudoministério, como algo pleno. A comissão permanente acolhera o sr. Giraud[226] com risadas quando ele se apresentou em nome dos novos ministros. Um ministério tão fraco para medidas tão fortes como o restabelecimento do sufrágio universal! No entanto, tratava-se precisamente de não fazer prevalecer nada *no* parlamento, mas tudo *contra* o parlamento.

---

224. Pierre-François-Elisabeth Thorigny (1798-1869): jurista, conduziu em 1834 os inquéritos judiciais contra os participantes da rebelião de abril em Lyon; ministro do Interior em 1851.

225. Charlemagne-Émile de Maupas (1818-1888): advogado, um dos organizadores do golpe de 2 de dezembro de 1851; ministro da Polícia (1852-1853).

226. Charles-Joseph-Barthélemy Giraud (1802-1881): jurista, monarquista, ministro da Educação em 1851.

Logo no primeiro dia de sua reabertura, a Assembleia Nacional recebeu a mensagem de Bonaparte em que ele exigia o restabelecimento do sufrágio universal e a revogação da lei de 31 de maio de 1850. Seus ministros propuseram no mesmo dia um decreto nesse sentido. A Assembleia rejeitou de imediato a moção de urgência dos ministros, e a lei propriamente dita em 13 de novembro, por 355 votos contra 348. Desse modo, rasgou mais uma vez seu mandato, confirmou mais uma vez que de representação livremente eleita do povo se transformara em parlamento usurpatório de uma classe, confessou mais uma vez que ela mesma cortara os músculos que ligavam a cabeça parlamentar ao corpo da nação.

Se com a moção de restabelecimento do sufrágio universal o poder executivo apelava ao povo a partir da Assembleia Nacional, com o projeto dos questores[227] o poder legislativo apelava a partir do povo ao exército. Esse projeto dos questores destinava-se a estabelecer seu direito à requisição direta de tropas, à formação de um exército parlamentar. Se ela nomeava assim o exército como árbitro entre si e o povo, entre si e Bonaparte, se reconhecia o exército como poder estatal decisivo, tinha de confirmar, por outro lado, que há muito abandonara a pretensão de comandá-lo. Ao debater o direito de requisitar tropas em vez de requisitá-las imediatamente, ela revelou que duvidava do próprio poder. Ao rejeitar o projeto dos questores, confessou abertamente sua

---

227. Ver nota 88.

impotência. Esse projeto foi reprovado com uma minoria de 108 votos; a Montanha fora portanto decisiva. A Assembleia encontrava-se na situação do asno de Buridan[228], não entre dois sacos de feno para decidir qual o mais atraente, é verdade, mas por certo entre duas boas sovas para decidir qual a mais dura. De um lado, o medo de Changarnier; do outro, o medo de Bonaparte. É preciso admitir que a situação não foi nada heroica.

Em 18 de novembro apresentou-se uma emenda à lei sobre as eleições municipais proposta pelo partido da ordem, emenda segundo a qual bastaria um ano de domicílio para os eleitores municipais em vez de três. A emenda não passou por um único voto, mas esse único voto logo se revelou um erro. Devido ao estilhaçamento em facções inimigas, o partido da ordem perdera havia muito sua maioria parlamentar independente. Ele mostrava agora que não existia mais qualquer maioria no parlamento. A Assembleia Nacional se tornara *incapaz de tomar decisões*. Seus componentes atomizados não se ligavam mais por qualquer força de coesão, ela consumira seu último fôlego vital, ela estava morta.

A massa extraparlamentar da burguesia, por fim, deveria confirmar solenemente mais uma vez, alguns dias antes da catástrofe, sua ruptura com a

---

228. Jean Buridan (c. 1300-1358): pensador escolástico francês, um dos maiores lógicos do século XIV. O asno que a ele se atribui é uma imagem da indecisão que ridiculariza a noção de livre-arbítrio: à mesma distância de dois montes de feno iguais, ele não consegue se decidir por nenhum e morre de fome.

burguesia no parlamento. Thiers, preferencialmente infectado pela doença incurável do cretinismo parlamentar devido à sua condição de herói do parlamento, tramara após a morte deste uma nova intriga parlamentar com o conselho de Estado, uma lei de responsabilidade que deveria prender magicamente o presidente dentro dos limites da Constituição. Assim como em 15 de setembro, por ocasião do lançamento das fundações do novo mercado coberto de Paris, Bonaparte, como um segundo Masaniello[229], enfeitiçara as *dames des halles*, as peixeiras – uma peixeira, de fato, compensava em poder real dezessete burgraves –, assim como após a apresentação do projeto dos questores entusiasmara os tenentes recebidos no Élysée, dessa maneira ele arrebatava agora, em 25 de novembro, a burguesia industrial reunida no circo para receber de sua mão medalhas pela Exposição da Indústria de Londres. Reproduzo a parte significativa de seu discurso a partir do *Journal des Débats*:

> Com tais resultados inesperados, estou autorizado a repetir quão grande seria a república francesa se lhe fosse permitido perseguir seus reais interesses e reformar suas instituições, em vez de ser constantemente perturbada pelos demagogos, por um lado, e pelas alucinações monárquicas, por outro. (Aplausos ruidosos,

---

229. Ou Tomaso Aniello (1620-1647): pescador, líder de uma rebelião popular em Nápoles, em 1647, contra o domínio espanhol.

tempestuosos e repetidos, de todas as partes do anfiteatro.) As alucinações monárquicas obstruem todo o progresso e todos os ramos sérios da indústria. Em vez de progresso, apenas luta. Vemos homens que eram no passado os mais ardentes sustentáculos da autoridade e da prerrogativa reais se tornarem partidários de uma Convenção[230] apenas para enfraquecer a autoridade que proveio do sufrágio universal. (Aplausos ruidosos e repetidos.) Vemos os homens que mais sofreram com a Revolução e que mais a lamentaram provocarem uma nova, e apenas para agrilhoar a vontade da nação... Prometo-vos sossego para o futuro etc. etc. (Bravo, bravo, um bravo tempestuoso.)

É dessa maneira que a burguesia industrial aplaude com o seu *bravo* servil o golpe de Estado de 2 de dezembro, a aniquilação do parlamento, o declínio de seu próprio domínio, a ditadura de Bonaparte. O estrondo dos aplausos de 25 de novembro recebeu sua resposta no estrondo dos canhões de 4 de dezembro, e o sr. Sallandrouze[231], cujos bravos mais ribombaram, teve sua casa atingida pela maioria das bombas.

---

230. Referência à Convenção Nacional, que, de 1792 a 1795, exerceu todos os poderes na França.

231. Charles-Jean Sallandrouze de Lamornais (1808-1857): industrial, deputado da Assembleia Nacional Constituinte (1848-1849), apoiador do golpe de Bonaparte.

Ao dissolver o Parlamento Longo[232], Cromwell foi sozinho até o meio dele, sacou o relógio, de modo que ele não existisse um minuto além do prazo que fixara, e enxotou cada um de seus membros com insultos jovialmente humorísticos. Napoleão, menor que seu modelo, pelo menos se dirigiu ao corpo legislativo em 18 de brumário e leu-lhe, embora com voz embargada, sua sentença de morte. O segundo Bonaparte, que de resto se encontrava de posse de um poder executivo inteiramente diverso do de Cromwell ou de Napoleão, não procurou por um modelo nos anais da história mundial, e sim nos anais da Sociedade de 10 de Dezembro, nos anais da jurisdição criminal. Ele rouba 25 milhões de francos do Banco da França, compra o general Magnan por um milhão, os soldados um a um por quinze francos e aguardente, encontra-se às escondidas com seus cúmplices durante a noite feito um ladrão, ordena invadir as casas dos líderes parlamentares mais perigosos e arrancar Cavaignac, Lamoricière, Le Flô, Changarnier, Charras, Thiers, Baze etc. de suas camas, ocupar as principais praças de Paris e o prédio do parlamento com tropas e afixar em todos os muros, logo cedo, cartazes fanfarronescos que anunciam a dissolução da Assembleia

---

232. Parlamento que se reuniu em 3 de novembro de 1640, começou a guerra civil e causou a morte de Charles I; tendo sido "purgado" pelo coronel Pride e pelos republicanos em 1648, dispersado por Cromwell em 1653 e duas vezes restaurado em 1659, ele foi finalmente dissolvido em março de 1660, após restaurar Charles II; foi também o Parlamento de Charles II, que continuou de 1661 a 1679.

Nacional e do conselho de Estado, o restabelecimento do sufrágio universal e a colocação do departamento do Sena em estado de sítio. Da mesma forma, ele insere pouco depois um documento falso no *Moniteur*, segundo o qual nomes parlamentares influentes teriam se agrupado em torno dele num conselho de Estado.

O parlamento incompleto reunido no prédio da subprefeitura do 10º *arrondissement*, composto principalmente por legitimistas e orleanistas, decide a destituição de Bonaparte sob repetidos gritos de "viva a república", arenga em vão à massa embasbacada diante do prédio e, sob o acompanhamento de atiradores de elite africanos, é por fim arrastado primeiro para a caserna d'Orsay, depois metido em veículos da polícia e transportado para as prisões de Mazas, Ham e Vincennes. Assim acabaram o partido da ordem, a Assembleia Legislativa e a Revolução de Fevereiro. Antes de nos apressarmos à conclusão, eis um breve esquema de sua história:

I. *Primeiro período*. De 24 de fevereiro a 4 de maio de 1848. Período de fevereiro. Prólogo. Embriaguez fraternizante universal.

II. *Segundo período*. Período da constituição da república e da Assembleia Nacional Constituinte.

1) 4 de maio a 25 de junho de 1848. Luta de todas as classes contra o proletariado. Derrota do proletariado nos dias de junho.

2) 25 de junho a 10 de dezembro de 1848. Ditadura dos republicanos burgueses puros. Esboço da Constituição. Declaração do estado de sítio de Paris.

A ditadura burguesa eliminada em 10 de dezembro pela eleição de Bonaparte para presidente.

3) 20 de dezembro de 1848 a 29 de maio de 1849. Luta da Constituinte com Bonaparte e o partido da ordem a ele aliado. Declínio da Constituinte. Queda da burguesia republicana.

III. *Terceiro período.* Período da *república constitucional* e da *Assembleia Nacional Legislativa.*

1) 29 de maio de 1849 a 13 de junho de 1849. Luta dos pequeno-burgueses com a burguesia e com Bonaparte. Derrota da democracia pequeno-burguesa.

2) 13 de junho de 1849 a 31 de maio de 1850. Ditadura parlamentar do partido da ordem. Consuma seu domínio mediante a abolição do sufrágio universal, mas perde o ministério parlamentar.

3) 31 de maio de 1850 a 2 de dezembro de 1851. Luta entre a burguesia parlamentar e Bonaparte.

a) 31 de maio de 1850 a 12 de janeiro de 1851. O parlamento perde o comando supremo do exército.

b) 12 de janeiro a 11 de abril de 1851. É derrotado nas tentativas de se apoderar novamente do poder administrativo. O partido da ordem perde a maioria parlamentar independente. Coalizão deste com os republicanos e com a Montanha.

c) 11 de abril de 1851 a 9 de outubro de 1851. Tentativas de revisão, fusão e prorrogação. O partido da ordem se decompõe em seus elementos isolados. Consolida-se a ruptura do parlamento burguês e da imprensa burguesa com a massa da burguesia.

d) 9 de outubro a 2 de dezembro de 1851. Rompimento declarado entre o parlamento e o poder executivo. Aquele executa seu ato de morte e sucumbe, abandonado por sua própria classe, pelo exército, por todas as demais classes. Declínio do regime parlamentar e do domínio da burguesia. Vitória de Bonaparte. Paródia imperialista da Restauração.

VII.

A *república social* surgiu como frase feita, como profecia no umbral da Revolução de Fevereiro. Nos dias de junho de 1848, ela havia sido sufocada no sangue *do proletariado parisiense*, mas vagueia como espectro nos atos seguintes do drama. A *república democrática* se anuncia. Dissipa-se em 13 de junho de 1849 com seus *pequenos burgueses* fugidos, mas, na fuga, ela deixa para trás propagandas duplamente fanfarronas. A *república parlamentar*, junto com a burguesia, toma conta de todo o palco, goza à larga sua existência, mas o 2 de dezembro de 1851 a sepulta sob os gritos de pavor dos realistas coligados: "Viva a república!".

A burguesia francesa ergueu-se contra o domínio do proletariado trabalhador e trouxe o lumpemproletariado ao governo, à frente o chefe da Sociedade de 10 de Dezembro. A burguesia manteve a França num medo ofegante dos pavores futuros da anarquia vermelha; Bonaparte lhe adiantou esse futuro quando, em 4 de dezembro, ordenou ao exército da ordem, entusiasmado pela aguardente, abater a tiros do alto de suas janelas os distintos burgueses do Boulevard Montmartre e do Boulevard des Italiens.

A burguesia procedeu à apoteose do sabre; o sabre a domina. Ela aniquilou a imprensa revolucionária; sua própria imprensa foi aniquilada. Ela colocou as reuniões populares sob vigilância policial; seus salões estão sob a vigilância da polícia. Ela dissolveu a guarda nacional democrática; sua própria guarda nacional foi dissolvida. Ela decretou o estado de sítio; o estado de sítio foi decretado contra ela. Ela suplantou os júris por comissões militares; seus júris são suplantados por comissões militares. Ela submeteu o ensino popular aos padrecos; os padrecos a submetem ao seu próprio ensino. Ela deportou sem julgamento; sem julgamento ela é deportada. Ela reprimiu qualquer movimento da sociedade com o poder do Estado; o poder do Estado esmaga qualquer movimento da sociedade. Entusiasmada com a própria carteira, ela se rebelou contra seus próprios políticos e literatos; seus políticos e literatos foram eliminados, mas sua carteira é saqueada depois que sua boca foi amordaçada e sua pena, quebrada. A burguesia gritou incansavelmente à Revolução como Santo Arsênio[233] aos cristãos: "*Fuge, Tace, Quiesce!* Foge, cala, repousa!". Bonaparte grita à burguesia: "*Fuge, Tace, Quiesce!* Foge, cala, repousa!".

A burguesia francesa resolvera há muito o dilema de Napoleão: "*Dans cinquante ans l'Europe sera républicaine ou cosaque*" [dentro de cinquenta

---

233. Santo Arsênio (c. 354-c. 450): nascido nobre romano, viveu como ermitão no deserto egípcio.

anos a Europa será republicana ou cossaca].²³⁴ Ela o resolvera na "*république cosaque*". Circe²³⁵ alguma distorcera a obra de arte da república burguesa transformando-a numa coisa disforme por meio de um encantamento malévolo. Essa república nada perdera senão a aparência de respeitabilidade. A França de agora estava pronta dentro da república parlamentar. Bastava apenas uma estocada de baioneta para que a bolha estourasse e o monstro saltasse aos olhos.

Por que o proletariado parisiense não se sublevou depois do 2 de dezembro?

A queda da burguesia fora apenas decretada, o decreto não fora executado. Qualquer rebelião séria do proletariado a teria reanimado de imediato, a teria reconciliado com o exército e assegurado uma segunda derrota de junho aos trabalhadores.

Em 4 de dezembro, o proletariado foi espicaçado à luta pelo burguês e pelo *épicier* [merceeiro, tendeiro, especieiro].²³⁶ Na noite desse dia, várias legiões da guarda nacional prometeram comparecer armadas e uniformizadas no campo de batalha. É que o burguês e o *épicier* tinham descoberto que, num de seus decretos de 2 de dezembro, Bonaparte abolira o voto secreto e lhes ordenara inscrever nos registros

---

234. Citação aproximada de Emmanuel de Las Cases. *Mémorial de Sainte-Hélène*, 1842, vol. I, p. 454.

235. Feiticeira que na *Odisseia* transforma os companheiros de Ulisses em porcos.

236. Figurada e pejorativamente, pessoa cujo espírito estreito não vai além dos próprios negócios.

oficiais o sim ou não ao lado de seus nomes. A resistência de 4 de dezembro intimidou Bonaparte. Durante a noite, ele mandou afixar em todas as esquinas de Paris cartazes que anunciavam o restabelecimento do voto secreto. O burguês e o *épicier* acreditaram ter alcançado seu objetivo. Quem não apareceu na manhã seguinte foram o *épicier* e o burguês.

Graças a um ataque-surpresa de Bonaparte durante a noite do dia 1º para o dia 2 de dezembro, o proletariado parisiense fora despojado de seus líderes, os chefes das barricadas. Um exército sem oficiais, pouco inclinado a lutar sob o estandarte dos membros da Montanha graças às lembranças de junho de 1848, junho de 1849 e maio de 1850, deixou à sua vanguarda, as sociedades secretas, a salvação da honra insurrecional de Paris, que a burguesia entregou com tão pouca resistência à soldadesca que Bonaparte pôde mais tarde desarmar a guarda nacional com este motivo sarcástico: ele temia que suas armas pudessem ser mal empregadas contra ela própria pelos anarquistas!

"*C'est le triomphe complet et définitif du Socialisme!*" Foi assim que Guizot caracterizou o 2 de dezembro. Porém, se a queda da república parlamentar contém em germe o triunfo da revolução proletária, seu resultado palpável imediato foi *a vitória de Bonaparte sobre o parlamento, do poder executivo sobre o poder legislativo, do poder* sans phrases [sem frases vazias, sem rodeios] *sobre o poder da frase feita*. No parlamento a nação elevou a própria vontade geral à categoria de lei, quer dizer, elevou a lei da classe dominante à categoria de vontade geral da nação. Diante do poder executivo, ela renuncia a qualquer vontade própria e se sujeita ao imperativo de poder da vontade alheia, da autoridade. O poder executivo, em contraposição ao legislativo, expressa a heteronomia da nação em contraposição à sua autonomia. Assim, a França apenas parece ter escapado ao despotismo de uma classe para recair sob o despotismo de um indivíduo, e, mais exatamente, sob a autoridade de um indivíduo sem autoridade. A luta parece ter se resolvido de tal modo que todas as classes se ajoelham diante do porrete com a mesma impotência e a mesma mudez.

Mas a revolução é meticulosa. Ela ainda se encontra na jornada pelo purgatório. Ela realiza sua atividade com método. Até 2 de dezembro de 1851, ela cumprira a primeira metade de sua preparação; agora ela cumpre a outra. Ela rematou primeiramente o poder parlamentar a fim de poder derrubá-lo. Agora que logrou êxito, ela remata o *poder executivo*, o reduz à sua expressão mais pura, isola-o, coloca-o diante de si como único objeto para concentrar contra ele todas as suas forças de destruição. E quando tiver executado essa segunda metade de seu trabalho preliminar, a Europa saltará de seu assento e rejubilará: "Bem cavado, velha toupeira!".[237]

Esse poder executivo, com sua enorme organização burocrática e militar, com sua maquinaria estatal amplamente estratificada e artificial, uma tropa de

---

237. Paródia de Shakespeare, *Hamlet*, ato I, cena 5: "Bem dito, velha toupeira!" (Hamlet dirigindo-se ao fantasma).

meio milhão de funcionários ao lado de outro meio milhão de soldados do exército, esse medonho corpo de parasitas que se enrosca em torno do corpo da sociedade francesa como uma membrana reticulada e obstrui todos os seus poros, surgiu no tempo da monarquia absoluta, durante a decadência do feudalismo, que ele ajudou a acelerar. Os privilégios senhoris dos proprietários de terras e das cidades se transformaram em outros tantos atributos do poder estatal, os dignatários feudais, em funcionários pagos, e o variado mostruário de autoridades medievais conflitantes se transformou no plano regulamentado de um poder estatal cujo trabalho é dividido e centralizado como numa fábrica. A primeira Revolução Francesa, com sua tarefa de destruir todos os poderes específicos locais, territoriais, urbanos e provinciais a fim de criar a unidade burguesa da nação, teve de desenvolver o que a monarquia absoluta começara: a centralização, porém simultaneamente a extensão, os atributos e os asseclas do poder governamental. Napoleão consumou essa maquinaria estatal. A monarquia legítima e a Monarquia de Julho nada acrescentaram senão uma maior divisão do trabalho, que cresceu na mesma medida em que a divisão do trabalho dentro da sociedade burguesa criou novos grupos de interesses, ou seja, material novo para a administração estatal. Cada interesse *comum* foi logo apartado da sociedade, contraposto a ela como interesse mais elevado, *geral*, arrancado à iniciativa própria dos membros da sociedade e transformado em objeto da atividade governamental, desde a ponte, a escola e o patrimônio comunal de um povoado até as ferrovias, o patrimônio nacional e a Universidade Nacional da França. A república parlamentar, por fim, viu-se obrigada em sua luta contra a Revolução a reforçar, junto com as medidas repressivas, os meios e a centralização do poder governamental. Todas as revoluções aperfeiçoaram essa máquina em vez de quebrá-la. Os partidos que sucessivamente lutavam pelo domínio consideravam a apropriação desse imenso edifício estatal como o principal butim do vencedor.

Porém, sob a monarquia absoluta, durante a primeira Revolução e sob Napoleão, a burocracia foi apenas o meio de preparar o domínio de classe da burguesia. Sob a Restauração, sob Luís Filipe e sob a república parlamentar, ela foi o instrumento da classe dominante, por mais que aspirasse a um poder próprio.

Apenas sob o segundo Bonaparte o Estado parece ter se tornado completamente independente. A máquina estatal se consolidou de tal modo diante da sociedade civil que é suficiente estar à frente dela o chefe da Sociedade de 10 de Dezembro, um aventureiro vindo do exterior, alçado ao poder por uma soldadesca bêbada que ele comprou com aguardente e salsichas, à qual precisa repetidamente jogá-las em troca de seus favores. Daí o desespero cabisbaixo, o sentimento de imensíssima humilhação, de degradação que oprime o peito da França e corta sua respiração. Ela se sente desonrada.

E, apesar disso, o poder estatal não paira no ar. Bonaparte representa uma classe, e, mais exatamente, a classe mais numerosa da sociedade francesa, os *parceleiros*.[238]

Assim como os Bourbon foram a dinastia da grande propriedade fundiária, assim como os Orléans foram a dinastia do dinheiro, dessa mesma maneira os Bonaparte são a dinastia dos camponeses, isto é, da massa do povo francês. O escolhido dos camponeses não é o Bonaparte que se submeteu ao parlamento burguês, e sim o Bonaparte que dispersou o parlamento burguês. Por três anos, as cidades conseguiram falsificar o significado da eleição de 10 de dezembro e ludibriar os camponeses quanto ao restabelecimento do império. A eleição de 10 de dezembro de 1848 só se completou com o *coup d'État* de 2 de dezembro de 1851.

Os parceleiros formam uma massa enorme, cujos membros vivem em idêntica situação, porém sem travar relações variadas entre si. Seu modo de produção os isola entre si em vez de colocá-los em mútua relação. O isolamento é favorecido pelos precários meios de comunicação franceses e pela pobreza dos camponeses. Seu campo de produção, a parcela, não admite em seu cultivo qualquer divisão do trabalho, qualquer aplicação da ciência, ou seja, qualquer variedade de desenvolvimento, qualquer diversidade de talentos, qualquer abundância de relações sociais. Cada família camponesa é quase autossuficiente, produz diretamente ela própria a maior parte de seu consumo e assim obtém seu material vital mais na troca

---

238. Em alemão, *Parzellenbauern*, termo que designa os camponeses pobres que possuem apenas uma pequena parcela de terra.

com a natureza do que no trato com a sociedade. A parcela, o camponês e a família; ao lado, outra parcela, outro camponês e outra família. Uma sessentena deles forma um povoado e uma sessentena de povoados forma um departamento. Assim, a grande massa da nação francesa se forma pela simples adição de grandezas com o mesmo denominador, mais ou menos como as batatas de um saco formam um saco de batatas. Na medida em que milhões de famílias vivem sob condições econômicas de existência que separam seu modo de vida, seus interesses e sua formação daqueles das outras classes e a estas as contrapõem de maneira hostil, elas formam uma classe. Na medida em que existe apenas uma ligação local entre os parceleiros, na medida em que a identidade de seus interesses não cria qualquer comunidade, qualquer vínculo nacional nem qualquer organização política entre eles, eles não formam classe alguma. Logo, são incapazes de fazer valer seu interesse de classe em seu próprio nome, seja por meio de um parlamento, seja por meio de uma convenção. Eles não conseguem se representar; têm de ser representados. Seu representante tem de aparecer ao mesmo tempo como seu senhor, como uma autoridade sobre eles, como uma força governamental irrestrita que os proteja das outras classes e lhes envie do alto a chuva e a luz do sol. A influência política dos parceleiros encontra portanto sua expressão última no fato de o poder executivo subordinar a si a sociedade.

Graças à tradição histórica, surgiu a crença dos camponeses franceses no milagre de um homem chamado Napoleão que lhes traria de volta todo o esplendor. E achou-se um indivíduo que afirmou ser esse homem por ostentar o nome de Napoleão em decorrência do *Code Napoléon*, que determina: *La recherche de la paternité est interdite*.[239] Após vinte anos de vagabundagem e uma série de aventuras grotescas, a lenda se cumpre, e o homem se torna imperador dos franceses. A ideia fixa do sobrinho se concretizou por coincidir com a ideia fixa da classe mais numerosa de franceses.

Mas, objetará alguém, e as revoltas camponesas em meia França, as caçadas do exército aos camponeses, o encarceramento e a deportação em massa dos camponeses?

Desde Luís XIV, a França não experimentou qualquer perseguição semelhante aos camponeses "devido a maquinações demagógicas".[240]

Mas entenda-se bem. A dinastia Bonaparte não representa o camponês revolucionário, e sim o conservador, não o camponês que almeja ir além de sua condição social de existência, a parcela, e sim aquele que quer consolidá-la; não o campesinato que, pela própria energia, em associação com as cidades, quer

---

239. Está proibida a investigação da paternidade. *Code Napoléon*: nome sob o qual ficou conhecido o Código Civil francês redigido entre 1800 e 1804. Marx está aludindo ao rumor persistente de que Luís Bonaparte não era filho biológico de seu pai, irmão de Napoleão I, mas que nascera de um adultério.

240. Alusão à chamada perseguição aos demagogos, ocorrida na Alemanha nos anos 1820 e 1830. Foi decidida pela conferência ministerial de Karlsbad, em agosto de 1819, e dirigiu-se contra democratas e republicanos oposicionistas.

derrubar a velha ordem, e sim, pelo contrário, aquele que, apaticamente fechado nessa velha ordem, quer ver-se, junto com sua parcela, salvo e escolhido pelo espectro do império. Essa dinastia não representa o esclarecimento, e sim a superstição do camponês; não seu juízo, e sim seu preconceito[241], não seu futuro, e sim seu passado, não suas modernas Cevenas[242], e sim sua moderna Vendeia.[243]

Os três anos de duro domínio da república parlamentar tinham livrado uma parte dos camponeses franceses da ilusão napoleônica e os transformado em revolucionários, mesmo que de maneira apenas superficial, mas a burguesia os rechaçava violentamente sempre que se punham em movimento. Sob a república parlamentar, a moderna consciência dos camponeses franceses lutava com a consciência tradicional. O processo acontecia sob a forma de uma luta incessante entre os mestres-escolas e os padre-

---

241. Outra vez o jogo de palavras entre *Urteil* (juízo) e *Vorurteil* (preconceito).

242. Montanhas do sul da França onde, entre 1702 e 1705, ocorreu uma insurreição camponesa que ficou conhecida como revolta dos camisardos, nome dado aos protestantes calvinistas dessa região, que usavam uma camisa branca sobre suas vestimentas para serem reconhecidos pelos seus. Os protestantes passaram a ser perseguidos na França após a revogação do édito de Nantes, e, embora essa revolta tenha começado como reação às perseguições, ela assumiu um caráter marcadamente antifeudal, ressurgindo repetidas vezes em alguns lugares até 1715.

243. Província do oeste da França onde, na primavera de 1793, durante a Revolução Francesa, irrompeu uma agitação contrarrevolucionária sob a liderança da nobreza e com o apoio do campesinato dessa região economicamente atrasada.

cos. A burguesia derrotou os mestres-escolas. Pela primeira vez, os camponeses fizeram esforços para se comportar de maneira autônoma frente à atividade do governo. Isso se manifestou no conflito contínuo dos presidentes das câmaras municipais com os prefeitos.[244] A burguesia destituiu os presidentes. Por fim, os camponeses de vários lugares se rebelaram durante o período da república parlamentar contra sua própria cria, o exército. A burguesia os puniu com estados de sítio e execuções. E a mesma burguesia grita agora a respeito da estupidez das massas, da *vile multitude* [vil multidão][245] que a teria traído por Bonaparte. Ela própria consolidara violentamente o imperialismo da classe camponesa, ela manteve as condições que constituem o nascedouro dessa religião camponesa. De fato, a burguesia precisa temer a estupidez das massas enquanto permanecem conservadoras e a perspicácia das massas tão logo se tornem revolucionárias.

Nas revoltas após o *coup d'État*, uma parte dos camponeses franceses protestou com armas na mão contra seu próprio voto de 10 de dezembro de 1848. A escola que tinham frequentado desde 1848 os escaldara. Porém, eles tinham vendido a alma ao Inferno histórico, a história os obrigou a cumprir sua palavra, e

---

244. Ou seja, com os dirigentes dos departamentos, as grandes divisões administrativas do território francês.

245. De um discurso de Thiers pronunciado na Assembleia Legislativa em 24 de maio de 1850: "Os amigos da verdadeira liberdade, os verdadeiros republicanos, direi, temem a multidão, a vil multidão que perdeu todas as repúblicas [...]".

a maioria estava tão desnorteada que, justamente nos departamentos mais vermelhos, a população campesina votou abertamente em Bonaparte. Segundo a perspectiva deles, a Assembleia Nacional o impedira de caminhar. Agora ele apenas rompera os grilhões com que as cidades tinham prendido a vontade do campo. Em alguns lugares, eles até cogitavam esta ideia grotesca: ao lado de um Napoleão, uma Convenção.

Depois que a primeira Revolução transformara os camponeses semisservis em livres proprietários de terras, Napoleão consolidou e regulamentou as condições em que poderiam explorar sem perturbações o solo da França que há pouco lhes coubera e satisfazer seu prazer juvenil de ter uma propriedade. Porém, o que faz o camponês francês sucumbir agora é sua própria parcela, a divisão das terras, a forma de propriedade que Napoleão consolidou na França. São precisamente as condições materiais que transformaram o camponês feudal francês em parceleiro e Napoleão em imperador. Bastaram duas gerações para produzir o resultado inevitável: piora progressiva da agricultura e endividamento progressivo do agricultor. A forma "napoleônica" de propriedade, que no início do século XIX foi a condição para a libertação e o enriquecimento do campesinato francês, desenvolveu-se no curso deste século até se tornar a lei de sua escravidão e de seu pauperismo. E precisamente essa lei é a primeira das "*idées napoléoniennes*"[246] que o segundo Bonaparte

---

246. Ver nota 84.

precisa defender. Se ele ainda partilha com os camponeses a ilusão de buscar a causa da ruína deles não na propriedade parcelar em si mesma, porém fora, na influência de circunstâncias secundárias, seus experimentos irão estourar como bolhas de sabão no contato com as relações de produção.

O desenvolvimento econômico da propriedade parcelar transformou radicalmente a relação dos camponeses com as demais classes da sociedade. Sob Napoleão, o parcelamento das terras no campo complementou a livre concorrência e a grande indústria incipiente nas cidades. A classe camponesa foi o protesto onipresente contra a aristocracia fundiária recém-derrubada. As raízes que a propriedade parcelar lançou nas terras francesas privaram o feudalismo de toda substância nutritiva. Seus marcos fronteiriços constituíram a fortificação natural da burguesia contra qualquer ataque-surpresa de seus antigos suseranos. Porém, no curso do século XIX, o agiota urbano tomou o lugar do senhor feudal, a hipoteca tomou o lugar da obrigação feudal sobre o solo, o capital burguês tomou o lugar da propriedade fundiária aristocrática. A parcela do camponês é tão somente o pretexto que permite ao capitalista extrair das terras lucro, juros e renda, deixando ao próprio agricultor ver como arrancará daí seu salário. A dívida hipotecária que pesa sobre as terras francesas impõe ao campesinato francês um montante de juros que iguala os juros anuais de toda a dívida nacional britânica. A propriedade parcelar, nessa escravidão ao capital a que seu desenvolvimento inevitavelmente impele, transformou a massa da nação francesa em trogloditas. Dezesseis milhões de camponeses (mulheres e crianças inclusos) habitam em cavernas, das quais uma grande parte tem apenas uma abertura, a outra parte apenas duas e a mais privilegiada apenas três. As janelas são numa casa o que os cinco sentidos são para a cabeça. A ordem burguesa, que no início do século postara o Estado de sentinela diante da recém-surgida parcela e a adubara com louros, transformou-se em vampiro que suga o sangue de seu coração e a massa de seu cérebro e os joga no caldeirão de alquimista do capital. O *Code Napoléon* é tão somente o código da execução, da subastação e do leilão judicial. Aos 4 milhões (crianças etc. inclusos) de *paupers* [pobres], vagabundos, criminosos e prostitutas oficiais que a França conta, somam-se 5 milhões que estão suspensos à beira do abismo da existência e que ou moram no próprio campo, ou constantemente desertam, com seus trapos e seus filhos, do campo para as cidades e das cidades para o campo. O interesse dos camponeses não se encontra mais, portanto, como sob Napoleão, em harmonia com os interesses da burguesia, com o capital, e sim em oposição a eles. Assim, os camponeses encontram seus aliados e líderes naturais no *proletariado urbano*, cuja tarefa é a derrubada da ordem burguesa. Porém, o *governo forte e irrestrito* – e essa é a segunda "*idée napoléonienne*" que o segundo Napoleão precisa executar – é chamado à defesa violenta dessa ordem "material". Essa "*ordre matériel*" também dá o tom de todas as proclamações de Bonaparte contra os camponeses sublevados.

Junto à hipoteca que o capital lhe impõe, pesa sobre a parcela o *imposto*. O imposto é a fonte de vida da burocracia, do exército, dos padrecos e da corte, em suma, de todo o aparelho do poder executivo. Governo forte e imposto forte são idênticos. Segundo sua natureza, a propriedade parcelar se presta a servir de base para uma burocracia onipotente e inumerável. Esta cria um nível uniforme de relações e de pessoas por toda a superfície do país. Também permite, portanto, a influência uniforme sobre todos os pontos dessa massa uniforme a partir de um centro supremo. Ela aniquila os níveis aristocráticos intermediários entre a massa do povo e o poder estatal. Provoca, portanto, de todos os lados, a intervenção direta desse poder estatal e a interposição de seus órgãos imediatos. Gera, por fim, uma superpopulação desocupada, que não encontra lugar no campo nem nas cidades, e, por isso, estende as mãos aos cargos públicos como uma espécie de esmola respeitável e provoca a criação desses cargos. Com os novos mercados que abriu à baioneta, com a pilhagem do continente, Napoleão devolveu com juros o imposto compulsório. Esse imposto foi um aguilhão para a indústria do camponês, enquanto agora ele despoja sua indústria dos últimos recursos, completa sua falta de resistência face ao pauperismo. E uma enorme burocracia, bem agaloada e bem nutrida, é, de todas, a "*idée napoléonienne*" que mais agrada ao segundo Bonaparte. E como não deveria, visto que ele é forçado a criar, ao lado das classes efetivas da sociedade, uma casta artificial para a qual a manutenção do regime se transforma numa questão de garfo e faca? Por isso, uma de suas primeiras operações financeiras foi a elevação dos ordenados do funcionalismo ao antigo patamar e a criação de novas sinecuras.

Outra *"idée napoléonienne"* é o domínio dos *padrecos* como meio de governo. Porém, se a recém-surgida parcela, em sua harmonia com a sociedade, em sua dependência das forças da natureza e sua sujeição à autoridade que a protegia de cima era naturalmente religiosa, a parcela arruinada pelas dívidas, que cortou relações com a sociedade e a autoridade, e que é impelida além de seu próprio acanhamento, se torna naturalmente irreligiosa. O céu foi um complemento muito bonito para a estreita faixa de terra recém-obtida, sobretudo porque ele determina o clima; ele se transforma em insulto tão logo seja impingido como substituto da parcela. Então o padreco aparece apenas como o ungido cão de caça da polícia terrena – outra *"idée napoléonienne"*. A expedição contra Roma ocorrerá da próxima vez na própria França, mas em sentido inverso ao do sr. De Montalembert.[247]

---

247. Alusão a um ataque ao socialismo feito por Montalembert em seu discurso à Assembleia de 22 de maio de 1850: "Digo que se deve recomeçar a expedição de Roma ao interior, que se deve empreender contra o socialismo, que nos ameaça e nos devora, uma campanha como a expedição de Roma". Ver também notas 79 e 182.

O ponto culminante das "*idées napoléoniennes*", por fim, é a preponderância do *exército*. O exército era o *point d'honneur* [ponto/questão de honra] dos parceleiros, eles próprios transformados em heróis, defendendo externamente as novas posses, glorificando sua nacionalidade recém-conquistada, saqueando e revolucionando o mundo. O uniforme era seu próprio traje estatal; a guerra, sua poesia; a parcela, aumentada e arredondada em imaginação, a pátria; e o patriotismo, a forma ideal do senso de propriedade. Mas os inimigos contra quem o camponês francês tem de defender agora sua propriedade não são os cossacos, são os *huissiers* [oficiais de justiça] e os executores fiscais. A parcela não se encontra mais na chamada pátria, e sim no registro de hipotecas. O próprio exército não é mais a flor da juventude camponesa, ele é a flor palustre do lumpemproletariado campesino. Ele consiste em grande parte de *remplaçants* [248], de substitutos, como o segundo Bonaparte é ele próprio apenas um *remplaçant*, um substituto para Napoleão. Agora o exército pratica seus feitos heroicos ao caçar e acossar os camponeses como se fossem cabras-montesas, no serviço de gendarmaria, e se as contradições internas de seu sistema afugentarem o chefe da Sociedade de 10 de Dezembro para além da fronteira francesa, esse exército, após algumas bandoleirices, não colherá louros, e sim pancadas.

Já se vê: *todas as "idées napoléoniennes" são ideias da parcela não desenvolvida, cheia de frescor juvenil;*

---

248. Alguém pago para substituir outrem no serviço militar.

elas são um contrassenso no caso da parcela envelhecida. São apenas alucinações de sua agonia, palavras transformadas em frases feitas, espíritos transformados em espectros. No entanto, a paródia do imperialismo foi necessária para livrar a massa da nação francesa do peso da tradição e salientar de maneira pura a oposição entre o poder do Estado e a sociedade. Com o destroçamento progressivo da propriedade parcelar, desmorona o edifício estatal sobre ela construído. A centralização estatal de que a sociedade moderna necessita ergue-se apenas sobre os escombros da maquinaria governamental burocrático-militar, forjada em oposição ao feudalismo.

As condições campesinas francesas nos desvendam o enigma das *eleições gerais de 20 e 21 de dezembro*[249], que conduziram o segundo Napoleão ao monte Sinai, não para receber leis, mas para promulgá-las.[250]

Evidentemente, a burguesia não tinha mais qualquer outra escolha senão votar em Bonaparte. Quando no Concílio de Constança[251] os puritanos se queixaram da vida depravada dos papas e se lastimaram sobre a necessidade da reforma dos costumes, o

---

249. Plebiscito que ratificou o golpe de Estado de Bonaparte, aprovado por 92% dos votantes.

250. Alusão ao episódio do Antigo Testamento em que Moisés sobe ao monte Sinai para receber os dez mandamentos; ver Êxodo 19-20.

251. O Concílio de Constança (1414-1418) foi convocado para firmar a posição da Igreja católica sob as condições da Reforma, que estava em seu início. O Concílio rejeitou as doutrinas dos líderes da Reforma John Wycliffe e Jan Hus, restabeleceu a unidade da Igreja e escolheu um novo papa.

cardeal Pierre d'Ailly[252] lhes trovejou: "Só o Diabo em pessoa ainda pode salvar a Igreja católica, e vós pedis anjos". A burguesia francesa gritou da mesma forma após o *coup d'État*: "Só o chefe da Sociedade de 10 de Dezembro pode salvar a sociedade burguesa! Só o roubo pode salvar a propriedade; o perjúrio, a religião; a bastardice, a família; a desordem, a ordem!".

Como a força independentizada do poder executivo, Bonaparte sente que é sua missão salvaguardar a "ordem burguesa". Mas o ponto forte dessa ordem burguesa é a classe média. Por isso, ele se sabe representante da classe média e promulga decretos nesse sentido. Mas ele só é alguma coisa pelo fato de ter destruído o poder político dessa classe média e por destruí-lo novamente a cada dia. Por isso, ele se sabe adversário do poder político e literário da classe média. Porém, ao proteger o poder material dela, ele gera de novo seu poder político. Assim, a causa deve ser mantida com vida, mas o efeito, onde quer que se mostre, deve ser varrido do mundo. Mas isso não pode transcorrer sem pequenas confusões entre causa e efeito, visto que ambos, na relação recíproca, perdem seus sinais distintivos. Novos decretos, que apagam a linha demarcatória. Bonaparte se sabe ao mesmo tempo representante dos camponeses e do povo em geral contra a burguesia, um representante que, dentro da sociedade burguesa, pretende deixar felizes as classes baixas do povo. Novos decretos, que enganam de antemão a sabedoria de governo dos

---

252. Pierre d'Ailly (1350-1420 ou 1425): teólogo e cardeal francês.

"verdadeiros socialistas".[253] Mas Bonaparte se sabe sobretudo chefe da Sociedade de 10 de Dezembro, representante do lumpemproletariado, ao qual ele próprio, seu *entourage*, seu governo e seu exército pertencem, lumpemproletariado para o qual se trata sobretudo de obter benefícios e tirar do tesouro público prêmios de loteria californianos. E ele se confirma como chefe da Sociedade de 10 de Dezembro com decretos, sem decretos e apesar dos decretos.

Essa tarefa do homem, repleta de contradições, explica as contradições de seu governo, o confuso tatear para cá e para lá, que ora busca conquistar, ora humilhar, ora essa, ora aquela classe, e que indispõe todas elas igualmente contra si, governo cuja insegurança prática forma um contraste altamente cômico com o estilo imperioso e categórico dos atos governamentais, obedientemente copiado do tio.

A indústria e o comércio, ou seja, os negócios da classe média, precisam florescer sob o governo forte como numa estufa. Outorga de um sem-número de concessões de ferrovias. Mas o lumpemproletariado bonapartista precisa enriquecer. *Tripotage* [logro] na bolsa com as concessões de ferrovias, cometido pelos previamente iniciados. Mas não há capital para as

---

253. Escola socialista difundida na Alemanha na década de 1840 sobretudo entre a intelectualidade pequeno-burguesa. Os representantes do "verdadeiro" socialismo – Karl Grün, Moses Hess, Hermann Kriege etc. – mesclavam às ideias socialistas uma pregação sobre o amor e a fraternidade, negando a necessidade de uma revolução democrático-burguesa. Marx e Engels criticaram essa escola em obras como *A ideologia alemã* e o *Manifesto do Partido Comunista*. No contexto da França, os "verdadeiros socialistas" são os membros do partido social-democrata de 1850.

ferrovias. Obrigação do banco de conceder empréstimos em troca de ações da ferrovia. Mas, ao mesmo tempo, o banco precisa ser pessoalmente explorado e, por isso, lisonjeado. O banco é liberado da obrigação de publicar seu relatório semanalmente. Contrato leonino do banco com o governo. O povo precisa ser empregado. Ordens para obras públicas. Mas as obras públicas elevam as obrigações fiscais do povo. Logo, diminuição dos impostos mediante ataque aos *rentiers* [rentistas], mediante conversão das rendas de 5% em rendas de 4,5%. Mas a classe média precisa receber outra vez uma *douceur* [um agrado]. Logo, duplicação do imposto sobre o vinho para o povo, que o compra *en détail* [no varejo], e diminuição pela metade para a classe média, que o bebe *en gros* [no atacado]. Dissolução das verdadeiras associações trabalhistas, mas a promessa de futuros milagres associativos. Os camponeses precisam ser ajudados. Bancos hipotecários, que aceleram seu endividamento e a concentração da propriedade. Mas esses bancos precisam ser usados para arrancar dinheiro dos bens confiscados da casa de Orléans. Capitalista algum quer consentir nessa condição, que não consta no decreto, e o banco hipotecário continua sendo um mero decreto etc. etc.

Bonaparte gostaria de se mostrar como o benfeitor patriarcal de todas as classes. Mas ele não pode dar a uma sem tirar da outra. Tal como na época da Fronda se dizia do duque De Guise[254] que ele era o

---

254. Henrique II da Lorena, duque de Guise (1614-1664): um dos líderes da Fronda.

homem mais obsequioso da França por ter convertido todos os seus bens em obséquios de seus partidários para consigo, assim Bonaparte gostaria de ser o homem mais obsequioso da França e converter toda a propriedade, todo o trabalho da França num obséquio pessoal para consigo. Ele gostaria de roubar a França inteira para presenteá-la à França, ou antes, para poder recomprar a França com dinheiro francês, pois, como chefe da Sociedade de 10 de Dezembro, ele precisa comprar o que lhe deve pertencer. E todos os institutos estatais se convertem no instituto da compra: o Senado, o conselho de Estado, o corpo legislativo, a Legião de Honra, a medalha dos soldados, as lavanderias, as obras públicas, as ferrovias, o *état-major* [estado-maior] da guarda nacional sem soldados rasos, os bens confiscados da casa de Orléans. Cada posto do exército e da máquina governamental se converte em meio de compra. Porém, o mais importante nesse processo, em que se tira da França para lhe dar, são os percentuais que, durante a transação, ficam para o cabeça e os membros da Sociedade de 10 de Dezembro. O dito espirituoso com que a condessa L.[255], a amante do sr. De Morny[256], caracterizou o confisco dos bens dos Orléans: "*C'est*

---

255. Trata-se da condessa Lehon, esposa do conde Charles Lehon, embaixador belga em Paris.

256. Charles-Auguste-Louis-Joseph, duque de Morny (1811-1865): meio-irmão de Napoleão III, bonapartista, deputado da Assembleia Nacional Legislativa (1849-1851), um dos organizadores do golpe de Estado de 2 de dezembro de 1851; ministro do Interior (dezembro de 1851 a janeiro de 1852).

le premier vol de l'aigle"*, serve para cada voo dessa *águia*, que é antes um *corvo*. Ele mesmo e seus sequazes gritam diariamente uns aos outros como aquele cartuxo italiano ao avarento que, ufanando-se, contava os bens com que ainda poderia se sustentar por anos: "*Tu fai conto sopra i beni, bisogna prima far il conto sopra gli anni*".** Para não se enganar na conta dos anos, eles fazem a contagem em minutos. Na corte, nos ministérios, na chefia da administração e do exército se aglomera um monte de sujeitos, dos quais o melhor é alguém de quem se pode dizer que não se sabe donde vem, uma *bohème* ruidosa, mal-afamada e ávida de pilhagem que, vestindo casacos agaloados, rasteja com a mesma dignidade grotesca dos grão-dignatários de Soulouque.²⁵⁷ Pode-se fazer uma ideia clara desse estrato mais elevado da Sociedade de 10 de Dezembro quando se considera que *Véron-Crevel**** é seu pregador moral e que *Granier de Cassagnac* ²⁵⁸ é seu pensador. Quando Guizot, na época de seu ministério, usou esse Granier contra a

---

* *Vol* significa "voo" e "roubo". (N.A.)

** Contas teus bens; deverias antes contar teus anos. (N.A.)

257. Faustin Soulouque (c. 1782-1867): Presidente da República do Haiti que, em 1849, se tornou imperador sob o nome de Faustin I.

*** Em *La Cousine Bette* [A prima Bette], Balzac retrata em Crevel, que esboça segundo o modelo do dr. Véron, proprietário do jornal *Le Constitutionnel*, o filisteu parisiense radicalmente depravado. (N.A.)

258. Bernard-Adolphe Granier de Cassagnac (1806-1880): jornalista, político sem princípios, orleanista antes da Revolução de 1848, em seguida bonapartista, deputado do *Corps législatif* (1852-1870).

oposição dinástica num jornaleco, costumava elogiá-lo com esta expressão: "*C'est le roi des drôles*", "este é o rei dos bufões".²⁵⁹ Seria injusto, face à corte e à corja de Luís Bonaparte, recordar a Regência²⁶⁰ ou Luís XV. Pois "muitas vezes a França já viveu um governo de amásias, mas jamais um governo de *hommes entretenus* [gigolôs]".*

Acossado pelas exigências contraditórias de sua situação e, ao mesmo tempo, como um prestidigitador, na necessidade de manter os olhos do público voltados para si, por meio de surpresas constantes, na qualidade de substituto de Napoleão, ou seja, na necessidade de executar um golpe de Estado *en miniature* todo dia, Bonaparte traz o caos a toda a economia burguesa, toca em tudo que parecia intocável para a Revolução de 1848, torna alguns resignados à revolução, outros sequiosos de revolução, gerando a própria anarquia em nome da ordem, enquanto ao mesmo tempo tira a auréola de toda a máquina estatal, profana-a, torna-a ao mesmo tempo asquerosa e ridícula. O culto à túnica sagrada de Trier²⁶¹ é repetido por ele em Paris no culto ao manto imperial

---

259. *Le Roi des drôles* é o título de um vaudevile em três atos, escrito por Duvert e Lauzanne em 1850 e encenado em Paris em 1852.

260. Regência de Luís Filipe de Orléans na França, de 1715 a 1723, durante a menoridade de Luís XV.

* Palavras da sra. De Girardin. [Delphine de Girardin (1804-1855): escritora francesa.] (N.A.)

261. Cidade natal de Marx, em cuja catedral se descobriu na Idade Média uma túnica que teria sido usada por Cristo. Exposta ao público a partir de 1844, tornou-se objeto de veneração.

napoleônico. Mas quando o manto de imperador finalmente cair sobre os ombros de Luís Bonaparte[262], a estátua de bronze de Napoleão despencará do alto da coluna Vendôme.[263]

---

262. Quando Marx escreve este texto, Luís Bonaparte ainda não é imperador; só o será exatamente um ano após o golpe, em 2 de dezembro de 1852, aprovado por plebiscito nos dias 21 e 22 de novembro de 1852. A queda da estátua napoleônica é metafórica; Marx se refere ao declínio do culto a Napoleão I como consequência do triunfo de Napoleão III.

263. Coluna forjada a partir de canhões tomados do inimigo, erigida em comemoração às vitórias do Grande Exército napoleônico em 1805 e situada na Praça Vendôme, em Paris; originalmente, encimada por uma estátua de Napoleão I usando tricorne e casaco de campanha. Em 1863, Napoleão III a substituiu por uma cópia representando Napoleão I em traje imperial. Por fim, em 16 de maio de 1871, a coluna Vendôme foi derrubada pela Comuna de Paris com a seguinte alegação: "A Comuna de Paris considera que a coluna imperial da Praça Vendôme é um monumento de barbárie, um símbolo da força bruta e da falsa glória, uma afirmação do militarismo, uma negação do direito internacional, um insulto permanente dos vencedores aos vencidos, um atentado perpétuo a um dos três grandes princípios da República: a fraternidade!". Na realidade, a Comuna necessitava do metal para forjar novos canhões.

Coleção **L&PM** POCKET (Lançamentos mais recentes)

357. **As uvas e o vento** – Pablo Neruda
358. **On the road** – Jack Kerouac
359. **O coração amarelo** – Pablo Neruda
360. **Livro das perguntas** – Pablo Neruda
361. **Noite de Reis** – William Shakespeare
362. **Manual de Ecologia (vol.1)** – J. Lutzenberger
363. **O mais longo dos dias** – Cornelius Ryan
364. **Foi bom prá você?** – Nani
365. **Crepusculário** – Pablo Neruda
366. **A comédia dos erros** – Shakespeare
369. **Mate-me por favor (vol.1)** – L. McNeil
370. **Mate-me por favor (vol.2)** – L. McNeil
371. **Carta ao pai** – Kafka
372. **Os vagabundos iluminados** – J. Kerouac
375. **Vargas, uma biografia política** – H. Silva
376. **Poesia reunida (vol.1)** – A. R. de Sant'Anna
377. **Poesia reunida (vol.2)** – A. R. de Sant'Anna
378. **Alice no país do espelho** – Lewis Carroll
379. **Residência na Terra 1** – Pablo Neruda
380. **Residência na Terra 2** – Pablo Neruda
381. **Terceira Residência** – Pablo Neruda
382. **O delírio amoroso** – Bocage
383. **Futebol ao sol e à sombra** – E. Galeano
386. **Radicci 4** – Iotti
387. **Boas maneiras & sucesso nos negócios** – Celia Ribeiro
388. **Uma história Farroupilha** – M. Scliar
389. **Na mesa ninguém envelhece** – J. A. Pinheiro Machado
390. **200 receitas inéditas do Anonymus Gourmet** – J. A. Pinheiro Machado
391. **Guia prático do Português correto – vol.2** – Cláudio Moreno
392. **Breviário das terras do Brasil** – Assis Brasil
393. **Cantos Cerimoniais** – Pablo Neruda
394. **Jardim de Inverno** – Pablo Neruda
395. **Antonio e Cleópatra** – William Shakespeare
396. **Troia** – Cláudio Moreno
397. **Meu tio matou um cara** – Jorge Furtado
399. **As viagens de Gulliver** – Jonathan Swift
400. **Dom Quixote** – (v. 1) – Miguel de Cervantes
401. **Dom Quixote** – (v. 2) – Miguel de Cervantes
402. **Sozinho no Pólo Norte** – Thomaz Brandolin
404. **Delta de Vênus** – Anaïs Nin
405. **O melhor de Hagar 2** – Dik Browne
406. **É grave Doutor?** – Nani
407. **Orai pornô** – Nani
412. **Três contos** – Gustave Flaubert
413. **De ratos e homens** – John Steinbeck
414. **Lazarilho de Tormes** – Anônimo do séc. XVI
415. **Triângulo das águas** – Caio Fernando Abreu
416. **100 receitas de carnes** – Sílvio Lancellotti
417. **Histórias de robôs:** vol. 1 – org. Isaac Asimov
418. **Histórias de robôs:** vol. 2 – org. Isaac Asimov
419. **Histórias de robôs:** vol. 3 – org. Isaac Asimov
423. **Um amigo de Kafka** – Isaac Singer
424. **As alegres matronas de Windsor** – Shakespeare
425. **Amor e exílio** – Isaac Bashevis Singer
426. **Use & abuse do seu signo** – Marília Fiorillo e Marylou Simonsen
427. **Pigmaleão** – Bernard Shaw
428. **As fenícias** – Eurípides
429. **Everest** – Thomaz Brandolin
430. **A arte de furtar** – Anônimo do séc. XVI
431. **Billy Bud** – Herman Melville
432. **A rosa separada** – Pablo Neruda
433. **Elegia** – Pablo Neruda
434. **A garota de Cassidy** – David Goodis
435. **Como fazer a guerra: máximas de Napoleão** – Balzac
436. **Poemas escolhidos** – Emily Dickinson
437. **Gracias por el fuego** – Mario Benedetti
438. **O sofá** – Crébillon Fils
439. **O "Martín Fierro"** – Jorge Luis Borges
440. **Trabalhos de amor perdidos** – W. Shakespeare
441. **O melhor de Hagar 3** – Dik Browne
442. **Os Maias (volume1)** – Eça de Queiroz
443. **Os Maias (volume2)** – Eça de Queiroz
444. **Anti-Justine** – Restif de La Bretonne
445. **Juventude** – Joseph Conrad
446. **Contos** – Eça de Queiroz
448. **Um amor de Swann** – Proust
449. **À paz perpétua** – Immanuel Kant
450. **A conquista do México** – Hernan Cortez
451. **Defeitos escolhidos e 2000** – Pablo Neruda
452. **O casamento do céu e do inferno** – William Blake
453. **A primeira viagem ao redor do mundo** – Antonio Pigafetta
457. **Sartre** – Annie Cohen-Solal
458. **Discurso do método** – René Descartes
459. **Garfield em grande forma (1)** – Jim Davis
460. **Garfield está de dieta (2)** – Jim Davis
461. **O livro das feras** – Patricia Highsmith
462. **Viajante solitário** – Jack Kerouac
463. **Auto da barca do inferno** – Gil Vicente
464. **O livro vermelho dos pensamentos de Millôr** – Millôr Fernandes
465. **O livro dos abraços** – Eduardo Galeano
466. **Voltaremos!** – José Antonio Pinheiro Machado
467. **Rango** – Edgar Vasques
468(8). **Dieta mediterrânea** – Dr. Fernando Lucchese e José Antonio Pinheiro Machado
469. **Radicci 5** – Iotti
470. **Pequenos pássaros** – Anaïs Nin
471. **Guia prático do Português correto – vol.3** – Cláudio Moreno
472. **Atire no pianista** – David Goodis
473. **Antologia Poética** – García Lorca
474. **Alexandre e César** – Plutarco
475. **Uma espiã na casa do amor** – Anaïs Nin
476. **A gorda do Tiki Bar** – Dalton Trevisan
477. **Garfield um gato de peso (3)** – Jim Davis
478. **Canibais** – David Coimbra

479. A arte de escrever – Arthur Schopenhauer
480. Pinóquio – Carlo Collodi
481. Misto-quente – Bukowski
482. A lua na sarjeta – David Goodis
483. O melhor do Recruta Zero (1) – Mort Walker
484. Aline: TPM – tensão pré-monstrual (2) – Adão Iturrusgarai
485. Sermões do Padre Antonio Vieira
486. Garfield numa boa (4) – Jim Davis
487. Mensagem – Fernando Pessoa
488. Vendeta seguido de A paz conjugal – Balzac
489. Poemas de Alberto Caeiro – Fernando Pessoa
490. Ferragus – Honoré de Balzac
491. A duquesa de Langeais – Honoré de Balzac
492. A menina dos olhos de ouro – Honoré de Balzac
493. O lírio do vale – Honoré de Balzac
497. A noite das bruxas – Agatha Christie
498. Um passe de mágica – Agatha Christie
499. Nêmesis – Agatha Christie
500. Esboço para uma teoria das emoções – Sartre
501. Renda básica de cidadania – Eduardo Suplicy
502. (1). Pílulas para viver melhor – Dr. Lucchese
503. (2). Pílulas para prolongar a juventude – Dr. Lucchese
504. (3). Desembarcando o diabetes – Dr. Lucchese
505. (4). Desembarcando o sedentarismo – Dr. Fernando Lucchese e Cláudio Castro
506. (5). Desembarcando a hipertensão – Dr. Lucchese
507. (6). Desembarcando o colesterol – Dr. Fernando Lucchese e Fernanda Lucchese
508. Estudos de mulher – Balzac
509. O terceiro tira – Flann O'Brien
510. 100 receitas de aves e ovos – J. A. P. Machado
511. Garfield em toneladas de diversão (5) – Jim Davis
512. Trem-bala – Martha Medeiros
513. Os cães ladram – Truman Capote
514. O Kama Sutra de Vatsyayana
515. O crime do Padre Amaro – Eça de Queiroz
516. Odes de Ricardo Reis – Fernando Pessoa
517. O inverno da nossa desesperança – Steinbeck
518. Piratas do Tietê (1) – Laerte
519. Rê Bordosa: do começo ao fim – Angeli
520. O Harlem é escuro – Chester Himes
522. Eugénie Grandet – Balzac
523. O último magnata – F. Scott Fitzgerald
524. Carol – Patricia Highsmith
525. 100 receitas de patisseria – Sílvio Lancellotti
527. Tristessa – Jack Kerouac
528. O diamante do tamanho do Ritz – F. Scott Fitzgerald
529. As melhores histórias de Sherlock Holmes – Arthur Conan Doyle
530. Cartas a um jovem poeta – Rilke
532. O misterioso sr. Quin – Agatha Christie
533. Os analectos – Confúcio
536. Ascensão e queda de César Birotteau – Balzac
537. Sexta-feira negra – David Goodis
538. Ora bolas – O humor de Mario Quintana – Juarez Fonseca
539. Longe daqui aqui mesmo – Antonio Bivar
540. É fácil matar – Agatha Christie
541. O pai Goriot – Balzac
542. Brasil, um país do futuro – Stefan Zweig
543. O processo – Kafka
544. O melhor de Hagar 4 – Dik Browne
545. Por que não pediram a Evans? – Agatha Christie
546. Fanny Hill – John Cleland
547. O gato por dentro – William S. Burroughs
548. Sobre a brevidade da vida – Sêneca
549. Geraldão (1) – Glauco
550. Piratas do Tietê (2) – Laerte
551. Pagando o pato – Ciça
552. Garfield de bom humor (6) – Jim Davis
553. Conhece o Mário? vol.1 – Santiago
554. Radicci 6 – Iotti
555. Os subterrâneos – Jack Kerouac
556. (1). Balzac – François Taillandier
557. (2). Modigliani – Christian Parisot
558. (3). Kafka – Gérard-Georges Lemaire
559. (4). Júlio César – Joël Schmidt
560. Receitas da família – J. A. Pinheiro Machado
561. Boas maneiras à mesa – Celia Ribeiro
562. (9). Filhos sadios, pais felizes – R. Pagnoncelli
563. (10). Fatos & mitos – Dr. Fernando Lucchese
564. Ménage à trois – Paula Taitelbaum
565. Mulheres! – David Coimbra
566. Poemas de Álvaro de Campos – Fernando Pessoa
567. Medo e outras histórias – Stefan Zweig
568. Snoopy e sua turma (1) – Schulz
569. Piadas para sempre (1) – Visconde da Casa Verde
570. O alvo móvel – Ross Macdonald
571. O melhor do Recruta Zero (2) – Mort Walker
572. Um sonho americano – Norman Mailer
573. Os broncos também amam – Angeli
574. Crônica de um amor louco – Bukowski
575. (5). Freud – René Major y Chantal Talagrand
576. (6). Picasso – Gilles Plazy
577. (7). Gandhi – Christine Jordis
578. A tumba – H. P. Lovecraft
579. O príncipe e o mendigo – Mark Twain
580. Garfield, um charme de gato (7) – Jim Davis
581. Ilusões perdidas – Balzac
582. Esplendores e misérias das cortesãs – Balzac
583. Walter Ego – Angeli
584. Striptiras (1) – Laerte
585. Fagundes: um puxa-saco de mão cheia – Laerte
586. Depois do último trem – Josué Guimarães
587. Ricardo III – Shakespeare
588. Dona Anja – Josué Guimarães
589. 24 horas na vida de uma mulher – Stefan Zweig
591. Mulher no escuro – Dashiell Hammett
592. No que acredito – Bertrand Russell
593. Odisseia (1): Telemaquia – Homero
594. O cavalo cego – Josué Guimarães

595. **Henrique V** – Shakespeare
596. **Fabulário geral do delírio cotidiano** – Bukowski
597. **Tiros na noite 1: A mulher do bandido** – Dashiell Hammett
598. **Snoopy em Feliz Dia dos Namorados! (2)** – Schulz
600. **Crime e castigo** – Dostoiévski
601. **Mistério no Caribe** – Agatha Christie
602. **Odisseia (2): Regresso** – Homero
603. **Piadas para sempre (2)** – Visconde da Casa Verde
604. **À sombra do vulcão** – Malcolm Lowry
605(8). **Kerouac** – Yves Buin
606. **E agora são cinzas** – Angeli
607. **As mil e uma noites** – Paulo Caruso
608. **Um assassino entre nós** – Ruth Rendell
609. **Crack-up** – F. Scott Fitzgerald
610. **Do amor** – Stendhal
611. **Cartas do Yage** – William Burroughs e Allen Ginsberg
612. **Striptiras (2)** – Laerte
613. **Henry & June** – Anaïs Nin
614. **A piscina mortal** – Ross Macdonald
615. **Geraldão (2)** – Glauco
616. **Tempo de delicadeza** – A. R. de Sant'Anna
617. **Tiros na noite 2: Medo de tiro** – Dashiell Hammett
618. **Snoopy em Assim é a vida, Charlie Brown! (3)** – Schulz
619. **1954 – Um tiro no coração** – Hélio Silva
620. **Sobre a inspiração poética (Íon) e ...** – Platão
621. **Garfield e seus amigos (8)** – Jim Davis
622. **Odisseia (3): Ítaca** – Homero
623. **A louca matança** – Chester Himes
624. **Factótum** – Bukowski
625. **Guerra e Paz: volume 1** – Tolstói
626. **Guerra e Paz: volume 2** – Tolstói
627. **Guerra e Paz: volume 3** – Tolstói
628. **Guerra e Paz: volume 4** – Tolstói
629(9). **Shakespeare** – Claude Mourthé
630. **Bem está o que bem acaba** – Shakespeare
631. **O contrato social** – Rousseau
632. **Geração Beat** – Jack Kerouac
633. **Snoopy: É Natal! (4)** – Charles Schulz
634. **Testemunha da acusação** – Agatha Christie
635. **Um elefante no caos** – Millôr Fernandes
636. **Guia de leitura (100 autores que você precisa ler)** – Organização de Léa Masina
637. **Pistoleiros também mandam flores** – David Coimbra
638. **O prazer das palavras** – vol. 1 – Cláudio Moreno
639. **O prazer das palavras** – vol. 2 – Cláudio Moreno
640. **Novíssimo testamento: com Deus e o diabo, a dupla da criação** – Iotti
641. **Literatura Brasileira: modos de usar** – Luís Augusto Fischer
642. **Dicionário de Porto-Alegrês** – Luís A. Fischer
643. **Clô Dias & Noites** – Sérgio Jockymann
644. **Memorial de Isla Negra** – Pablo Neruda
645. **Um homem extraordinário e outras histórias** – Tchékhov
646. **Ana sem terra** – Alcy Cheuiche
647. **Adultérios** – Woody Allen
651. **Snoopy: Posso fazer uma pergunta, professora? (5)** – Charles Schulz
652(10). **Luís XVI** – Bernard Vincent
653. **O mercador de Veneza** – Shakespeare
654. **Cancioneiro** – Fernando Pessoa
655. **Non-Stop** – Martha Medeiros
656. **Carpinteiros, levantem bem alto a cumeeira & Seymour, uma apresentação** – J.D.Salinger
657. **Ensaios céticos** – Bertrand Russell
658. **O melhor de Hagar 5** – Dik e Chris Browne
659. **Primeiro amor** – Ivan Turguêniev
660. **A trégua** – Mario Benedetti
661. **Um parque de diversões da cabeça** – Lawrence Ferlinghetti
662. **Aprendendo a viver** – Sêneca
663. **Garfield, um gato em apuros (9)** – Jim Davis
664. **Dilbert (1)** – Scott Adams
666. **A imaginação** – Jean-Paul Sartre
667. **O ladrão e os cães** – Naguib Mahfuz
669. **A volta do parafuso** *seguido de* **Daisy Miller** – Henry James
670. **Notas do subsolo** – Dostoiévski
671. **Abobrinhas da Brasilônia** – Glauco
672. **Geraldão (3)** – Glauco
673. **Piadas para sempre (3)** – Visconde da Casa Verde
674. **Duas viagens ao Brasil** – Hans Staden
676. **A arte da guerra** – Maquiavel
677. **Além do bem e do mal** – Nietzsche
678. **O coronel Chabert** *seguido de* **A mulher abandonada** – Balzac
679. **O sorriso de marfim** – Ross Macdonald
680. **100 receitas de pescados** – Sílvio Lancellotti
681. **O juiz e seu carrasco** – Friedrich Dürrenmatt
682. **Noites brancas** – Dostoiévski
683. **Quadras ao gosto popular** – Fernando Pessoa
685. **Kaos** – Millôr Fernandes
686. **A pele de onagro** – Balzac
687. **As ligações perigosas** – Choderlos de Laclos
689. **Os Lusíadas** – Luís Vaz de Camões
690(11). **Átila** – Éric Deschodt
691. **Um jeito tranquilo de matar** – Chester Himes
692. **A felicidade conjugal** *seguido de* **O diabo** – Tolstói
693. **Viagem de um naturalista ao redor do mundo** – vol. 1 – Charles Darwin
694. **Viagem de um naturalista ao redor do mundo** – vol. 2 – Charles Darwin
695. **Memórias da casa dos mortos** – Dostoiévski
696. **A Celestina** – Fernando de Rojas
697. **Snoopy: Como você é azarado, Charlie Brown! (6)** – Charles Schulz
698. **Dez (quase) amores** – Claudia Tajes
699. **Poirot sempre espera** – Agatha Christie
701. **Apologia de Sócrates** *precedido de* **Êutifron e** *seguido de* **Críton** – Platão
702. **Wood & Stock** – Angeli
703. **Striptiras (3)** – Laerte

704. **Discurso sobre a origem e os fundamentos da desigualdade entre os homens** – Rousseau
705. **Os duelistas** – Joseph Conrad
706. **Dilbert (2)** – Scott Adams
707. **Viver e escrever** (vol. 1) – Edla van Steen
708. **Viver e escrever** (vol. 2) – Edla van Steen
709. **Viver e escrever** (vol. 3) – Edla van Steen
710. **A teia da aranha** – Agatha Christie
711. **O banquete** – Platão
712. **Os belos e malditos** – F. Scott Fitzgerald
713. **Libelo contra a arte moderna** – Salvador Dalí
714. **Akropolis** – Valerio Massimo Manfredi
715. **Devoradores de mortos** – Michael Crichton
716. **Sob o sol da Toscana** – Frances Mayes
717. **Batom na cueca** – Nani
718. **Vida dura** – Claudia Tajes
719. **Carne trêmula** – Ruth Rendell
720. **Cris, a fera** – David Coimbra
721. **O anticristo** – Nietzsche
722. **Como um romance** – Daniel Pennac
723. **Emboscada no Forte Bragg** – Tom Wolfe
724. **Assédio sexual** – Michael Crichton
725. **O espírito do Zen** – Alan W.Watts
726. **Um bonde chamado desejo** – Tennessee Williams
727. **Como gostais** *seguido de* **Conto de inverno** – Shakespeare
728. **Tratado sobre a tolerância** – Voltaire
729. **Snoopy: Doces ou travessuras? (7)** – Charles Schulz
730. **Cardápios do Anonymus Gourmet** – J.A. Pinheiro Machado
731. **100 receitas com lata** – J.A. Pinheiro Machado
732. **Conhece o Mário?** vol.2 – Santiago
733. **Dilbert (3)** – Scott Adams
734. **História de um louco amor** *seguido de* **Passado amor** – Horacio Quiroga
735. (11). **Sexo: muito prazer** – Laura Meyer da Silva
736. (12). **Para entender o adolescente** – Dr. Ronald Pagnoncelli
737. (13). **Desembarcando a tristeza** – Dr. Fernando Lucchese
738. **Poirot e o mistério da arca espanhola & outras histórias** – Agatha Christie
739. **A última legião** – Valerio Massimo Manfredi
741. **Sol nascente** – Michael Crichton
742. **Duzentos ladrões** – Dalton Trevisan
743. **Os devaneios do caminhante solitário** – Rousseau
744. **Garfield, o rei da preguiça (10)** – Jim Davis
745. **Os magnatas** – Charles R. Morris
746. **Pulp** – Charles Bukowski
747. **Enquanto agonizo** – William Faulkner
748. **Aline: viciada em sexo (3)** – Adão Iturrusgarai
749. **A dama do cachorrinho** – Anton Tchékhov
750. **Tito Andrônico** – Shakespeare
751. **Antologia poética** – Anna Akhmátova
752. **O melhor de Hagar 6** – Dik e Chris Browne
753. (12). **Michelangelo** – Nadine Sautel
754. **Dilbert (4)** – Scott Adams
755. **O jardim das cerejeiras** *seguido de* **Tio Vânia** – Tchékhov
756. **Geração Beat** – Claudio Willer
757. **Santos Dumont** – Alcy Cheuiche
758. **Budismo** – Claude B. Levenson
759. **Cleópatra** – Christian-Georges Schwentzel
760. **Revolução Francesa** – Frédéric Bluche, Stéphane Rials e Jean Tulard
761. **A crise de 1929** – Bernard Gazier
762. **Sigmund Freud** – Edson Sousa e Paulo Endo
763. **Império Romano** – Patrick Le Roux
764. **Cruzadas** – Cécile Morrisson
765. **O mistério do Trem Azul** – Agatha Christie
768. **Senso comum** – Thomas Paine
769. **O parque dos dinossauros** – Michael Crichton
770. **Trilogia da paixão** – Goethe
773. **Snoopy: No mundo da lua! (8)** – Charles Schulz
774. **Os Quatro Grandes** – Agatha Christie
775. **Um brinde de cianureto** – Agatha Christie
776. **Súplicas atendidas** – Truman Capote
779. **A viúva imortal** – Millôr Fernandes
780. **Cabala** – Roland Goetschel
781. **Capitalismo** – Claude Jessua
782. **Mitologia grega** – Pierre Grimal
783. **Economia: 100 palavras-chave** – Jean-Paul Betbèze
784. **Marxismo** – Henri Lefebvre
785. **Punição para a inocência** – Agatha Christie
786. **A extravagância do morto** – Agatha Christie
787. (13). **Cézanne** – Bernard Fauconnier
788. **A identidade Bourne** – Robert Ludlum
789. **Da tranquilidade da alma** – Sêneca
790. **Um artista da fome** *seguido de* **Na colônia penal e outras histórias** – Kafka
791. **Histórias de fantasmas** – Charles Dickens
796. **O Uraguai** – Basílio da Gama
797. **A mão misteriosa** – Agatha Christie
798. **Testemunha ocular do crime** – Agatha Christie
799. **Crepúsculo dos ídolos** – Friedrich Nietzsche
802. **O grande golpe** – Dashiell Hammett
803. **Humor barra pesada** – Nani
804. **Vinho** – Jean-François Gautier
805. **Egito Antigo** – Sophie Desplancques
806. (14). **Baudelaire** – Jean-Baptiste Baronian
807. **Caminho da sabedoria, caminho da paz** – Dalai Lama e Felizitas von Schönborn
808. **Senhor e servo e outras histórias** – Tolstói
809. **Os cadernos de Malte Laurids Brigge** – Rilke
810. **Dilbert (5)** – Scott Adams
811. **Big Sur** – Jack Kerouac
812. **Seguindo a correnteza** – Agatha Christie
813. **O álibi** – Sandra Brown
814. **Montanha-russa** – Martha Medeiros
815. **Coisas da vida** – Martha Medeiros
816. **A cantada infalível** *seguido de* **A mulher do centroavante** – David Coimbra
819. **Snoopy: Pausa para a soneca (9)** – Charles Schulz
820. **De pernas pro ar** – Eduardo Galeano

821. **Tragédias gregas** – Pascal Thiercy
822. **Existencialismo** – Jacques Colette
823. **Nietzsche** – Jean Granier
824. **Amar ou depender?** – Walter Riso
825. **Darmapada: A doutrina budista em versos**
826. **J'Accuse...! – a verdade em marcha** – Zola
827. **Os crimes ABC** – Agatha Christie
828. **Um gato entre os pombos** – Agatha Christie
831. **Dicionário de teatro** – Luiz Paulo Vasconcellos
832. **Cartas extraviadas** – Martha Medeiros
833. **A longa viagem de prazer** – J. J. Morosoli
834. **Receitas fáceis** – J. A. Pinheiro Machado
835.(14).**Mais fatos & mitos** – Dr. Fernando Lucchese
836.(15).**Boa viagem!** – Dr. Fernando Lucchese
837. **Aline: Finalmente nua!!! (4)** – Adão Iturrusgarai
838. **Mônica tem uma novidade!** – Mauricio de Sousa
839. **Cebolinha em apuros!** – Mauricio de Sousa
840. **Sócios no crime** – Agatha Christie
841. **Bocas do tempo** – Eduardo Galeano
842. **Orgulho e preconceito** – Jane Austen
843. **Impressionismo** – Dominique Lobstein
844. **Escrita chinesa** – Viviane Alleton
845. **Paris: uma história** – Yvan Combeau
846.(15).**Van Gogh** – David Haziot
848. **Portal do destino** – Agatha Christie
849. **O futuro de uma ilusão** – Freud
850. **O mal-estar na cultura** – Freud
853. **Um crime adormecido** – Agatha Christie
854. **Satori em Paris** – Jack Kerouac
855. **Medo e delírio em Las Vegas** – Hunter Thompson
856. **Um negócio fracassado e outros contos de humor** – Tchékhov
857. **Mônica está de férias!** – Mauricio de Sousa
858. **De quem é esse coelho?** – Mauricio de Sousa
860. **O mistério Sittaford** – Agatha Christie
861. **Manhã transfigurada** – L. A. de Assis Brasil
862. **Alexandre, o Grande** – Pierre Briant
863. **Jesus** – Charles Perrot
864. **Islã** – Paul Balta
865. **Guerra da Secessão** – Farid Ameur
866. **Um rio que vem da Grécia** – Cláudio Moreno
868. **Assassinato na casa do pastor** – Agatha Christie
869. **Manual do líder** – Napoleão Bonaparte
870.(16).**Billie Holiday** – Sylvia Fol
871. **Bidu arrasando!** – Mauricio de Sousa
872. **Os Sousa: Desventuras em família** – Mauricio de Sousa
874. **E no final a morte** – Agatha Christie
875. **Guia prático do Português correto – vol. 4** – Cláudio Moreno
876. **Dilbert (6)** – Scott Adams
877.(17).**Leonardo da Vinci** – Sophie Chauveau
878. **Bella Toscana** – Frances Mayes
879. **A arte da ficção** – David Lodge
880. **Striptiras (4)** – Laerte
881. **Skrotinhos** – Angeli
882. **Depois do funeral** – Agatha Christie
883. **Radici 7** – Iotti
884. **Walden** – H. D. Thoreau
885. **Lincoln** – Allen C. Guelzo
886. **Primeira Guerra Mundial** – Michael Howard
887. **A linha de sombra** – Joseph Conrad
888. **O amor é um cão dos diabos** – Bukowski
890. **Despertar: uma vida de Buda** – Jack Kerouac
891.(18).**Albert Einstein** – Laurent Seksik
892. **Hell's Angels** – Hunter Thompson
893. **Ausência na primavera** – Agatha Christie
894. **Dilbert (7)** – Scott Adams
895. **Ao sul de lugar nenhum** – Bukowski
896. **Maquiavel** – Quentin Skinner
897. **Sócrates** – C.C.W. Taylor
899. **O Natal de Poirot** – Agatha Christie
900. **As veias abertas da América Latina** – Eduardo Galeano
901. **Snoopy: Sempre alerta! (10)** – Charles Schulz
902. **Chico Bento: Plantando confusão** – Mauricio de Sousa
903. **Penadinho: Quem é morto sempre aparece** – Mauricio de Sousa
904. **A vida sexual da mulher feia** – Claudia Tajes
905. **100 segredos de liquidificador** – José Antonio Pinheiro Machado
906. **Sexo muito prazer 2** – Laura Meyer da Silva
907. **Os nascimentos** – Eduardo Galeano
908. **As caras e as máscaras** – Eduardo Galeano
909. **O século do vento** – Eduardo Galeano
910. **Poirot perde uma cliente** – Agatha Christie
911. **Cérebro** – Michael O'Shea
912. **O escaravelho de ouro e outras histórias** – Edgar Allan Poe
913. **Piadas para sempre (4)** – Visconde da Casa Verde
914. **100 receitas de massas light** – Helena Tonetto
915.(19).**Oscar Wilde** – Daniel Salvatore Schiffer
916. **Uma breve história do mundo** – H. G. Wells
917. **A Casa do Penhasco** – Agatha Christie
919. **John M. Keynes** – Bernard Gazier
920.(20).**Virginia Woolf** – Alexandra Lemasson
921. **Peter e Wendy** seguido de **Peter Pan em Kensington Gardens** – J. M. Barrie
922. **Aline: numas de colegial (5)** – Adão Iturrusgarai
923. **Uma dose mortal** – Agatha Christie
924. **Os trabalhos de Hércules** – Agatha Christie
926. **Kant** – Roger Scruton
927. **A inocência do Padre Brown** – G.K. Chesterton
928. **Casa Velha** – Machado de Assis
929. **Marcas de nascença** – Nancy Huston
930. **Aulete de bolso**
931. **Hora Zero** – Agatha Christie
932. **Morte na Mesopotâmia** – Agatha Christie
934. **Nem te conto, João** – Dalton Trevisan
935. **As aventuras de Huckleberry Finn** – Mark Twain
936.(21).**Marilyn Monroe** – Anne Plantagenet
937. **China moderna** – Rana Mitter
938. **Dinossauros** – David Norman
939. **Louca por homem** – Claudia Tajes
940. **Amores de alto risco** – Walter Riso

941. **Jogo de damas** – David Coimbra
942. **Filha é filha** – Agatha Christie
943. **M ou N?** – Agatha Christie
945. **Bidu: diversão em dobro!** – Mauricio de Sousa
946. **Fogo** – Anaïs Nin
947. **Rum: diário de um jornalista bêbado** – Hunter Thompson
948. **Persuasão** – Jane Austen
949. **Lágrimas na chuva** – Sergio Faraco
950. **Mulheres** – Bukowski
951. **Um pressentimento funesto** – Agatha Christie
952. **Cartas na mesa** – Agatha Christie
954. **O lobo do mar** – Jack London
955. **Os gatos** – Patricia Highsmith
956(22). **Jesus** – Christiane Rancé
957. **História da medicina** – William Bynum
958. **O Morro dos Ventos Uivantes** – Emily Brontë
959. **A filosofia na era trágica dos gregos** – Nietzsche
960. **Os treze problemas** – Agatha Christie
961. **A massagista japonesa** – Moacyr Scliar
963. **Humor do miserê** – Nani
964. **Todo o mundo tem dúvida, inclusive você** – Édison de Oliveira
965. **A dama do Bar Nevada** – Sergio Faraco
969. **O psicopata americano** – Bret Easton Ellis
970. **Ensaios de amor** – Alain de Botton
971. **O grande Gatsby** – F. Scott Fitzgerald
972. **Por que não sou cristão** – Bertrand Russell
973. **A Casa Torta** – Agatha Christie
974. **Encontro com a morte** – Agatha Christie
975(23). **Rimbaud** – Jean-Baptiste Baronian
976. **Cartas na rua** – Bukowski
977. **Memória** – Jonathan K. Foster
978. **A abadia de Northanger** – Jane Austen
979. **As pernas de Úrsula** – Claudia Tajes
980. **Retrato inacabado** – Agatha Christie
981. **Solanin (1)** – Inio Asano
982. **Solanin (2)** – Inio Asano
983. **Aventuras de menino** – Mitsuru Adachi
984(16). **Fatos & mitos sobre sua alimentação** – Dr. Fernando Lucchese
985. **Teoria quântica** – John Polkinghorne
986. **O eterno marido** – Fiódor Dostoiévski
987. **Um safado em Dublin** – J. P. Donleavy
988. **Mirinha** – Dalton Trevisan
989. **Akhenaton e Nefertiti** – Carmen Seganfredo e A. S. Franchini
990. **On the Road – o manuscrito original** – Jack Kerouac
991. **Relatividade** – Russell Stannard
992. **Abaixo de zero** – Bret Easton Ellis
993(24). **Andy Warhol** – Mériam Korichi
995. **Os últimos casos de Miss Marple** – Agatha Christie
996. **Nico Demo: Aí vem encrenca** – Mauricio de Sousa
998. **Rousseau** – Robert Wokler
999. **Noite sem fim** – Agatha Christie
1000. **Diários de Andy Warhol (1)** – Editado por Pat Hackett
1001. **Diários de Andy Warhol (2)** – Editado por Pat Hackett
1002. **Cartier-Bresson: o olhar do século** – Pierre Assouline
1003. **As melhores histórias da mitologia: vol. 1** – A.S. Franchini e Carmen Seganfredo
1004. **As melhores histórias da mitologia: vol. 2** – A.S. Franchini e Carmen Seganfredo
1005. **Assassinato no beco** – Agatha Christie
1006. **Convite para um homicídio** – Agatha Christie
1008. **História da vida** – Michael J. Benton
1009. **Jung** – Anthony Stevens
1010. **Arsène Lupin, ladrão de casaca** – Maurice Leblanc
1011. **Dublinenses** – James Joyce
1012. **120 tirinhas da Turma da Mônica** – Mauricio de Sousa
1013. **Antologia poética** – Fernando Pessoa
1014. **A aventura de um cliente ilustre** *seguido de* **O último adeus de Sherlock Holmes** – Sir Arthur Conan Doyle
1015. **Cenas de Nova York** – Jack Kerouac
1016. **A corista** – Anton Tchékhov
1017. **O diabo** – Leon Tolstói
1018. **Fábulas chinesas** – Sérgio Capparelli e Márcia Schmaltz
1019. **O gato do Brasil** – Sir Arthur Conan Doyle
1020. **Missa do Galo** – Machado de Assis
1021. **O mistério de Marie Rogêt** – Edgar Allan Poe
1022. **A mulher mais linda da cidade** – Bukowski
1023. **O retrato** – Nicolai Gogol
1024. **O conflito** – Agatha Christie
1025. **Os primeiros casos de Poirot** – Agatha Christie
1027(25). **Beethoven** – Bernard Fauconnier
1028. **Platão** – Julia Annas
1029. **Cleo e Daniel** – Roberto Freire
1030. **Til** – José de Alencar
1031. **Viagens na minha terra** – Almeida Garrett
1032. **Profissões para mulheres e outros artigos feministas** – Virginia Woolf
1033. **Mrs. Dalloway** – Virginia Woolf
1034. **O cão da morte** – Agatha Christie
1035. **Tragédia em três atos** – Agatha Christie
1037. **O fantasma da Ópera** – Gaston Leroux
1038. **Evolução** – Brian e Deborah Charlesworth
1039. **Medida por medida** – Shakespeare
1040. **Razão e sentimento** – Jane Austen
1041. **A obra-prima ignorada** *seguido de* **Um episódio durante o Terror** – Balzac
1042. **A fugitiva** – Anaïs Nin
1043. **As grandes histórias da mitologia greco-romana** – A. S. Franchini
1044. **O corno de si mesmo & outras historietas** – Marquês de Sade
1045. **Da felicidade** *seguido de* **Da vida retirada** – Sêneca
1046. **O horror em Red Hook e outras histórias** – H. P. Lovecraft
1047. **Noite em claro** – Martha Medeiros
1048. **Poemas clássicos chineses** – Li Bai, Du Fu e Wang Wei
1049. **A terceira moça** – Agatha Christie

1050. **Um destino ignorado** – Agatha Christie
1051(26). **Buda** – Sophie Royer
1052. **Guerra Fria** – Robert J. McMahon
1053. **Simons's Cat: as aventuras de um gato travesso e comilão – vol. 1** – Simon Tofield
1054. **Simons's Cat: as aventuras de um gato travesso e comilão – vol. 2** – Simon Tofield
1055. **Só as mulheres e as baratas sobreviverão** – Claudia Tajes
1057. **Pré-história** – Chris Gosden
1058. **Pintou sujeira!** – Mauricio de Sousa
1059. **Contos de Mamãe Gansa** – Charles Perrault
1060. **A interpretação dos sonhos: vol. 1** – Freud
1061. **A interpretação dos sonhos: vol. 2** – Freud
1062. **Frufru Rataplã Dolores** – Dalton Trevisan
1063. **As melhores histórias da mitologia egípcia** – Carmem Seganfredo e A.S. Franchini
1064. **Infância. Adolescência. Juventude** – Tolstói
1065. **As consolações da filosofia** – Alain de Botton
1066. **Diários de Jack Kerouac - 1947-1954**
1067. **Revolução Francesa – vol. 1** – Max Gallo
1068. **Revolução Francesa – vol. 2** – Max Gallo
1069. **O detetive Parker Pyne** – Agatha Christie
1070. **Memórias do esquecimento** – Flávio Tavares
1071. **Drogas** – Leslie Iversen
1072. **Manual de ecologia (vol.2)** – J. Lutzenberger
1073. **Como andar no labirinto** – Affonso Romano de Sant'Anna
1074. **A orquídea e o serial killer** – Juremir Machado da Silva
1075. **Amor nos tempos de fúria** – Lawrence Ferlinghetti
1076. **A aventura do pudim de Natal** – Agatha Christie
1078. **Amores que matam** – Patricia Faur
1079. **Histórias de pescador** – Mauricio de Sousa
1080. **Pedaços de um caderno manchado de vinho** – Bukowski
1081. **A ferro e fogo: tempo de solidão (vol.1)** – Josué Guimarães
1082. **A ferro e fogo: tempo de guerra (vol.2)** – Josué Guimarães
1084(17). **Desembarcando o Alzheimer** – Dr. Fernando Lucchese e Dra. Ana Hartmann
1085. **A maldição do espelho** – Agatha Christie
1086. **Uma breve história da filosofia** – Nigel Warburton
1088. **Heróis da História** – Will Durant
1089. **Concerto campestre** – L. A. de Assis Brasil
1090. **Morte nas nuvens** – Agatha Christie
1092. **Aventura em Bagdá** – Agatha Christie
1093. **O cavalo amarelo** – Agatha Christie
1094. **O método de interpretação dos sonhos** – Freud
1095. **Sonetos de amor e desamor** – Vários
1096. **120 tirinhas do Dilbert** – Scott Adams
1097. **200 fábulas de Esopo**
1098. **O curioso caso de Benjamin Button** – F. Scott Fitzgerald
1099. **Piadas para sempre: uma antologia para morrer de rir** – Visconde da Casa Verde
1100. **Hamlet (Mangá)** – Shakespeare
1101. **A arte da guerra (Mangá)** – Sun Tzu
1104. **As melhores histórias da Bíblia (vol.1)** – A. S. Franchini e Carmen Seganfredo
1105. **As melhores histórias da Bíblia (vol.2)** – A. S. Franchini e Carmen Seganfredo
1106. **Psicologia das massas e análise do eu** – Freud
1107. **Guerra Civil Espanhola** – Helen Graham
1108. **A autoestrada do sul e outras histórias** – Julio Cortázar
1109. **O mistério dos sete relógios** – Agatha Christie
1110. **Peanuts: Ninguém gosta de mim... (amor)** – Charles Schulz
1111. **Cadê o bolo?** – Mauricio de Sousa
1112. **O filósofo ignorante** – Voltaire
1113. **Totem e tabu** – Freud
1114. **Filosofia pré-socrática** – Catherine Osborne
1115. **Desejo de status** – Alain de Botton
1118. **Passageiro para Frankfurt** – Agatha Christie
1120. **Kill All Enemies** – Melvin Burgess
1121. **A morte da sra. McGinty** – Agatha Christie
1122. **Revolução Russa** – S. A. Smith
1123. **Até você, Capitu?** – Dalton Trevisan
1124. **O grande Gatsby (Mangá)** – F. S. Fitzgerald
1125. **Assim falou Zaratustra (Mangá)** – Nietzsche
1126. **Peanuts: É para isso que servem os amigos (amizade)** – Charles Schulz
1127(27). **Nietzsche** – Dorian Astor
1128. **Bidu: Hora do banho** – Mauricio de Sousa
1129. **O melhor do Macanudo Taurino** – Santiago
1130. **Radicci 30 anos** – Iotti
1131. **Show de sabores** – J.A. Pinheiro Machado
1132. **O prazer das palavras – vol. 3** – Cláudio Moreno
1133. **Morte na praia** – Agatha Christie
1134. **O fardo** – Agatha Christie
1135. **Manifesto do Partido Comunista (Mangá)** – Marx & Engels
1136. **A metamorfose (Mangá)** – Franz Kafka
1137. **Por que você não se casou... ainda** – Tracy McMillan
1138. **Textos autobiográficos** – Bukowski
1139. **A importância de ser prudente** – Oscar Wilde
1140. **Sobre a vontade na natureza** – Arthur Schopenhauer
1141. **Dilbert (8)** – Scott Adams
1142. **Entre dois amores** – Agatha Christie
1143. **Cipreste triste** – Agatha Christie
1144. **Alguém viu uma assombração?** – Mauricio de Sousa
1145. **Mandela** – Elleke Boehmer
1146. **Retrato do artista quando jovem** – James Joyce
1147. **Zadig ou o destino** – Voltaire
1148. **O contrato social (Mangá)** – J.-J. Rousseau
1149. **Garfield fenomenal** – Jim Davis
1150. **A queda da América** – Allen Ginsberg
1151. **Música na noite & outros ensaios** – Aldous Huxley
1152. **Poesias inéditas & Poemas dramáticos** – Fernando Pessoa
1153. **Peanuts: Felicidade é...** – Charles M. Schulz

1154. **Mate-me por favor** – Legs McNeil e Gillian McCain
1155. **Assassinato no Expresso Oriente** – Agatha Christie
1156. **Um punhado de centeio** – Agatha Christie
1157. **A interpretação dos sonhos (Mangá)** – Freud
1158. **Peanuts: Você não entende o sentido da vida** – Charles M. Schulz
1159. **A dinastia Rothschild** – Herbert R. Lottman
1160. **A Mansão Hollow** – Agatha Christie
1161. **Nas montanhas da loucura** – H.P. Lovecraft
1162. (28).**Napoleão Bonaparte** – Pascale Fautrier
1163. **Um corpo na biblioteca** – Agatha Christie
1164. **Inovação** – Mark Dodgson e David Gann
1165. **O que toda mulher deve saber sobre os homens: a afetividade masculina** – Walter Riso
1166. **O amor está no ar** – Mauricio de Sousa
1167. **Testemunha de acusação & outras histórias** – Agatha Christie
1168. **Etiqueta de bolso** – Celia Ribeiro
1169. **Poesia reunida (volume 3)** – Affonso Romano de Sant'Anna
1170. **Emma** – Jane Austen
1171. **Que seja em segredo** – Ana Miranda
1172. **Garfield sem apetite** – Jim Davis
1173. **Garfield: Foi mal...** – Jim Davis
1174. **Os irmãos Karamázov (Mangá)** – Dostoiévski
1175. **O Pequeno Príncipe** – Antoine de Saint-Exupéry
1176. **Peanuts: Ninguém mais tem o espírito aventureiro** – Charles M. Schulz
1177. **Assim falou Zaratustra** – Nietzsche
1178. **Morte no Nilo** – Agatha Christie
1179. **Ê, soneca boa** – Mauricio de Sousa
1180. **Garfield a todo o vapor** – Jim Davis
1181. **Em busca do tempo perdido (Mangá)** – Proust
1182. **Cai o pano: o último caso de Poirot** – Agatha Christie
1183. **Livro para colorir e relaxar** – Livro 1
1184. **Para colorir sem parar**
1185. **Os elefantes não esquecem** – Agatha Christie
1186. **Teoria da relatividade** – Albert Einstein
1187. **Compêndio da psicanálise** – Freud
1188. **Visões de Gerard** – Jack Kerouac
1189. **Fim de verão** – Mohiro Kitoh
1190. **Procurando diversão** – Mauricio de Sousa
1191. **E não sobrou nenhum e outras peças** – Agatha Christie
1192. **Ansiedade** – Daniel Freeman & Jason Freeman
1193. **Garfield: pausa para o almoço** – Jim Davis
1194. **Contos do dia e da noite** – Guy de Maupassant
1195. **O melhor de Hagar 7** – Dik Browne
1196. (29).**Lou Andreas-Salomé** – Dorian Astor
1197. (30).**Pasolini** – René de Ceccatty
1198. **O caso do Hotel Bertram** – Agatha Christie
1199. **Crônicas de motel** – Sam Shepard
1200. **Pequena filosofia da paz interior** – Catherine Rambert
1201. **Os sertões** – Euclides da Cunha
1202. **Treze à mesa** – Agatha Christie
1203. **Bíblia** – John Riches
1204. **Anjos** – David Albert Jones
1205. **As tirinhas do Guri de Uruguaiana 1** – Jair Kobe
1206. **Entre aspas (vol.1)** – Fernando Eichenberg
1207. **Escrita** – Andrew Robinson
1208. **O spleen de Paris: pequenos poemas em prosa** – Charles Baudelaire
1209. **Satíricon** – Petrônio
1210. **O avarento** – Molière
1211. **Queimando na água, afogando-se na chama** – Bukowski
1212. **Miscelânea septuagenária: contos e poemas** – Bukowski
1213. **Que filosofar é aprender a morrer e outros ensaios** – Montaigne
1214. **Da amizade e outros ensaios** – Montaigne
1215. **O medo à espreita e outras histórias** – H.P. Lovecraft
1216. **A obra de arte na era de sua reprodutibilidade técnica** – Walter Benjamin
1217. **Sobre a liberdade** – John Stuart Mill
1218. **O segredo de Chimneys** – Agatha Christie
1219. **Morte na rua Hickory** – Agatha Christie
1220. **Ulisses (Mangá)** – James Joyce
1221. **Ateísmo** – Julian Baggini
1222. **Os melhores contos de Katherine Mansfield** – Katherine Mansfied
1223. (31).**Martin Luther King** – Alain Foix
1224. **Millôr Definitivo: uma antologia de *A Bíblia do Caos*** – Millôr Fernandes
1225. **O Clube das Terças-Feiras e outras histórias** – Agatha Christie
1226. **Por que sou tão sábio** – Nietzsche
1227. **Sobre a mentira** – Platão
1228. **Sobre a leitura *seguido do* Depoimento de Céleste Albaret** – Proust
1229. **O homem do terno marrom** – Agatha Christie
1230. (32).**Jimi Hendrix** – Franck Médioni
1231. **Amor e amizade e outras histórias** – Jane Austen
1232. **Lady Susan, Os Watson e Sanditon** – Jane Austen
1233. **Uma breve história da ciência** – William Bynum
1234. **Macunaíma: o herói sem nenhum caráter** – Mário de Andrade
1235. **A máquina do tempo** – H.G. Wells
1236. **O homem invisível** – H.G. Wells
1237. **Os 36 estratagemas: manual secreto da arte da guerra** – Anônimo
1238. **A mina de ouro e outras histórias** – Agatha Christie
1239. **Pic** – Jack Kerouac
1240. **O habitante da escuridão e outros contos** – H.P. Lovecraft
1241. **O chamado de Cthulhu e outros contos** – H.P. Lovecraft